Das Fünfte Evangelium

Rudolf Steiner

DAS FÜNFTE EVANGELIUM

Aus neuzeitlicher Geistesforschung

Archiati Verlag

Der Wortlaut der im Archiati Verlag gedruckten Vorträge Rudolf Steiners geht auf die ursprünglichen Klartextnachschriften und Erstdrucke zurück, unter Berücksichtigung der danach erfolgten Veröffentlichungen.

Erste Auflage 2011
(1. bis 5. Tausend)

Herausgeber: Archiati Verlag e. K. (Monika Grimm), Bad Liebenzell
Redaktion: Pietro Archiati, Bad Liebenzell
Korrektorat: Dr. Gerhard Hüttig, Schwanewede
Druck: Memminger MedienCentrum, Memmingen

ISBN: 978-3-86772-150-9

Archiati Verlag
Burghaldenweg 37 · D-75378 Bad Liebenzell
Telefon: (07052) 935284 · Telefax: (07052) 934809
anfrage@archiati-verlag.de · www.archiati-verlag.de

Inhaltsverzeichnis

Vorwort von Pietro Archiati *S. 9*

Fünf Vorträge, gehalten in Oslo,
vom 1. bis 6. Oktober 1913
und ein Vortrag in Den Haag
am 13. April 1922

1. Vortrag
Ausbreitung des Christentums
Durch das Wirken des Christus selbst
S. 15

- Für die Verbreitung des Christentums ist nicht das Wissen der Menschen maßgebend, sondern ihr Glaube, die tieferen Gemütskräfte, in denen der Christus selbst wirkt *S. 15*
- Auch Naturwissenschaft und Darwinismus sind Kinder des Christus-Wirkens. Richtig verstanden führen sie zum Ursprung des Menschen im Geistigen *S. 25*

2. Vortrag

Osterschau zu Pfingsten

Die kosmische Liebe, auf der Erde geboren

S. 33

- Das Pfingstereignis ist ein Erwachen aus einem herabgedämpften Bewusstsein. Beim Tod des Christus ereignet sich eine Sonnenfinsternis und ein Erdbeben *S. 33*
- Petrus erkennt zu Pfingsten: Beim Tod am Kreuz wird die allwaltende kosmische Liebe in der Erde geboren. Durch sie kann er sich auch das Ostergeschehen zum Bewusstsein bringen *S. 45*
- Die wissenschaftliche Erziehung erschwert Rudolf Steiner den Zugang zu christlichen Inhalten, macht ihn dafür aber auch unbefangener *S. 53*

3. Vortrag

Die neue Einweihung

Wie irdisches Leiden die Liebe gebiert

S. 57

- Im Mysterium von Golgota wird der Christus in die Erdensphäre hinein geboren. Die alte Einweihung erfolgt nur durch Verlassen der Erde und des physischen Körpers *S. 57*
- Zu Pfingsten ereignet sich die erste Einweihung auf der Erde in einem physischen Körper. Diese macht der Christus durch ein Leben ohne Karma und durch die zunehmende Verbindung mit dem Leib des Jesus möglich *S. 67*

4. Vortrag

Jesus von Nazareth

Die menschliche Sehnsucht nach Erlösung

S. 79

- Jesus von Nazareth erlebt den Sündenfall im Judentum und im Heidentum. Im Judentum kann man nicht mehr die göttliche Inspiration empfangen, in den heidnischen Kulten werden nur noch dämonische Wesen angezogen *S. 79*
- Bei den Essäern erlebt Jesus von Nazareth, dass das Streben nach Erlösung durch Absonderung von der übrigen Menschheit eine egoistische Illusion darstellt *S. 93*

5. Vortrag

Von Jesus zu Christus

Der Weg des Menschen zurück zum Geist

S. 103

- Im 30. Lebensjahr führt Jesus von Nazareth mit der Mutter ein Gespräch. Er schildert die aussichtslose Lage der Menschheit und wird dabei vom Zarathustra-Ich verlassen *S. 103*
- Bei der Taufe senkt sich der Christus in den Jesus hinein. Als erstes erlebt er auf der Erde die dreifache Versuchung *S. 119*
- Von dem Jesus erleben viele Menschen den Trost einer Vision; von dem Christus geht eine Kraft aus, die Wunder wirkt

und Menschen heilt. Je mehr der Christus sich mit dem Jesus verbindet, desto machtloser wird er *S. 127*

- Schlusswort: Umgang mit dem Fünften Evangelium *S. 136*

Haager Vortrag
Die Lehre des Auferstandenen
Tod und Auferstehung des Menschendenkens
S. 139

- Geisteswissenschaft wird im Zweig anders als in der Öffentlichkeit gepflegt. Diese Kluft kann nur allmählich überbrückt werden *S. 139*
- In der alten Zeit spricht die göttliche Offenbarung nicht von Geburt und Tod, weil der Mensch sein Ewiges, sein Vorgeburtliches und Nachtodliches, noch erfahren kann *S. 143*
- Der Auferstandene spricht aus eigener Erfahrung vom Tod. Er lehrt: Der Sinn des gehirngebundenen Denkens, mit dem nur Sterbliches verstanden werden kann, ist seine Wandlung in lebendiges Denken, ist seine Auferstehung *S. 156*

Anhang A: Faksimiles und Textvergleiche *S. 173*
Anhang B: Einzelne Stellen im Textvergleich *S. 181*
Zu dieser Ausgabe *S. 203*
Die Vorträge Rudolf Steiners *S. 205*
Fachausdrücke der Geisteswissenschaft *S. 207*
Über Rudolf Steiner *S. 208*

Vorwort

Der Mensch ist im Laufe seiner Entwicklung von den Höhen des göttlichen Geistes immer tiefer in die Naturwelt herabgestiegen. Durch die zunehmende Verbindung mit der Welt der Materie ist er zu einem selbstständigen Wesen geworden, er kann mittels des Gehirns «mit dem eigenen Kopf» denken, er vollzieht durch seine Gliedmaßen Handlungen, denen er eigene Willensimpulse zugrunde legt.

Dieses höchste Gut, die irdische Freiheit, hat dem Menschen einen zweifachen Verzicht abverlangt. Die alte Verbundenheit mit der Welt des Geistes ist verschwunden und die innere Selbstständigkeit hat im Sozialen jene Atomisierung hervorgebracht, die man gewöhnlich Egoismus nennt. Die Erlösung aus diesem zweifachen «Sündenfall» Materialismus und Egoismus setzt voraus, dass der Mensch sich bewusst macht: Sein Geist kann nicht auf Dauer ohne intuitives Denken und seine Seele nicht ohne fantasievolle Liebe leben.

Jesus von Nazareth war der Mensch, der am allertiefsten den Sündenfall der Menschheit in sich erlebt hat. Die hier abgedruckten Vorträge schildern auf eindrucksvolle Weise seine Erfahrungen mit dem damaligen Judentum, mit dem Heidentum und mit dem Essäertum. Unendliches Leiden füllte seine Seele angesichts der Aussichtslosigkeit der Lage der Menschheit. Er konnte nicht wissen, dass der göttliche Geist voller Liebe, der alle Geister des Sonnensystems zur Einheit führt, beschlossen hatte, den Menschen auf der Erde zu Hilfe zu kommen.

Die Kräfte des Mitleids, die damals Jesus von Nazareth beseelt haben, können heute das Herz jedes Menschen erfüllen. Jeder kann sich ein eigenes Urteil über die Lage der heutigen Menschheit bilden, jeder kann tiefes Mitleid mit einer Menschheit fühlen, die sich vom Geist noch weiter entfernt hat und die Liebe noch weniger kennt. Jesus von Nazareth musste feststellen, dass die Menschen nicht mehr fähig waren, die Botschaft des Geistes zu verstehen. Heute fehlt nicht nur das Verstehen, sondern auch vielfach das Interesse. Der Materialismus ist für unzählige Menschen von einer theoretischen Weltanschauung zur alltäglichen Lebensweise geworden.

Die Lehre des Auferstandenen (Haager Vortrag) wird heute in der Sprache der Geisteswissenschaft jedem Menschen zugänglich gemacht. In ihr ist die Rede von einer «stärkeren Kraft», wodurch der Mensch immer mehr Freiheit im Denken, immer mehr Liebe im Handeln erleben kann. Das Denken kann von der Bedingtheit der Gehirnstrukturen befreit werden, die Liebeskräfte können von allem erlöst werden, was den Menschen zum triebhaften Handeln führt.

In den Jahrhunderten vor unserer Zeitrechnung war in der griechisch-römischen Welt eine hohe philosophische

Bildung kulturprägend geworden, die zu den Mysterien des keimenden Christentums keinen Zugang finden konnte. Einfache, ungebildete Menschen waren es, durch die der Christus-Geist seinen Einzug in unzählige Menschenherzen gehalten hat.

Die heutige Lage ist auch diesbezüglich schwieriger geworden. Die moderne Bildung vermauert den Zugang zum objektiven Wahrheitsgehalt der Welt. Wissenschaftliche Erkenntnis gibt es ihrem Machtanspruch zufolge nur dort, wo sinnliche Wahrnehmung möglich ist. Alles Übersinnliche, alles Geistige kann nur Sache eines subjektiven Glaubens sein, eines Glaubens, der in der Gestaltung der öffentlichen Angelegenheiten keine Rolle spielen darf.

Rudolf Steiner schildert in diesen Vorträgen, wie beim Eintreten des Christus-Geistes in die Erdenwelt alles damalige Wissen sich dem geistigen Schauen als «Verfinsterung» des Menschengeistes darstellt. Die Entwicklung der letzten zweitausend Jahre, die den Menschen «zum Gebrauch des menschlichen Intellekts und der menschlichen Freiheit» (Haager Vortrag) geführt hat, ist zugleich das größte Hindernis, jene epochale «Umkehrung» der Denkkräfte zu vollziehen, durch die das Denken zum intuitiven Leben im rein Geistigen gelangt. So wird es auch für die nächsten Jahrhunderte nur eine «ungebildete» soziale Schicht sein können, die sich für die Wiedergewinnung des Geistes und der Liebe einsetzt.

Wie erfolgreich die heute herrschende Bildung die Geisteswissenschaft in Abrede gestellt hat, zeigt sich an den Verlautbarungen von Funk und Presse anlässlich des 150. Geburtstags Rudolf Steiners. Im Deutschlandfunk (27.2.2011, «Kalenderblatt») wird zum Beispiel der gefeierte «Rudolf Steiner-Experte» Helmut Zander mit den Worten zitiert: «... er [Rudolf Steiner] musste sich in sehr kurzer Zeit über sehr viele Themen informieren, auch über solche, von denen er keine Ahnung hatte.» Oder man sehe die Zusammenfassung des Artikels von Philipp Blom – «Der Christus des kleinen Mannes» (Süddeutsche Zeitung, 26./27. Februar 2011, S. 15) –, wo es heißt: «Steiner goss seinen Kindheitsglauben in Gefäße, die der Zeitgeist formte». Das will sagen: Die Christologie Steiners stammt dem Inhalt nach vom kindlichen Glauben (von der Kirche) und der Form nach vom Zeitgeist. Von Rudolf Steiner selbst stammt nichts. In mehreren Zeitungen wird das Urteil von Heiner Ullrich angeführt: «Sein schematisch-bildhaftes Denken wird den methodischen und theoretischen Ansprüchen heutiger Humanwissenschaften nicht gerecht».

Für den Menschen, dem diese Vorträge zur Herzensangelegenheit werden, kann die Versuchung groß sein, sich mit ihnen ins stille Kämmerlein zurückzuziehen. Dadurch würde aber der Zwiespalt, der das moderne Leben in allen Bereichen kennzeichnet, nur noch vergrößert: auf der einen Seite eine Spiritualität, die am Leben nichts ändert, auf der anderen Seite ein öffentliches Leben, das nach und nach alle moralischen Werte preisgibt. Ganz anders war es bei dem Christus, als er in den 30jährigen Menschen Jesus einzog: Er suchte die ihm als Jesus vertrauten Armen, Kranken und «Sünder» wieder auf, deren Not ihm zutiefst nahegegangen war und deren Krankheiten er als Christus heilen konnte.

Die Geisteswissenschaft Rudolf Steiners spannt den weiten Bogen vom tiefsten Esoterischen – wie es in diesen Vorträgen lebt –, bis zu den menschheitlichen Angelegenheiten, die heute die soziale Frage immer brennender machen. Im Umgang mit einer solchen Geisteswissenschaft kann die Versuchung noch größer sein, die esoterische Vertiefung nur sektiererisch und das Wirken in der Öffentlichkeit nur gefällig zu betreiben. Als Hilfe, beide Einseitigkeiten zu vermeiden, wird im Archiati Verlag diesem *Fünften Evangelium* das gleich ausgestattete Taschenbuch *Der soziale Organismus* zur Seite gestellt.

Wenn der Leser dieser Vorträge Stunden der Einsamkeit und der Bedrückung angesichts der Lage der heutigen Menschheit erlebt, möge er die Stimme des Christus hören, die ihm Mut macht, sich mit den Mysterien des Sozialen zu befassen, die Liebe zu allen Menschen in seinem Herzen immer tiefer und in seinen Taten immer konkreter werden zu lassen. Er wird Mittel und Wege finden, die Einsamkeit mit der Kraft der Liebe und die Bedrückung mit dem Mut der Freiheit zu überwinden.

In einem Vortrag, den Rudolf Steiner am 18. November 1922 in London gehalten hat, spricht er vom Christus als dem großen sozialen Reformator (in: *Der große soziale Reformator,* S. 32-33): «In das soziale Leben können die Christus-Kräfte einströmen! Ja, man redet heute viel von sozialen Reformen, redet viel vom sozialen Fortschritt. Wer wird der große Reformator des sozialen Lebens sein, wenn unter den Menschen einmal im sozialen Leben die Handlungen im Auftrag des Christus Jesus ausgeführt werden …? Wer wird der große, auch soziale Reformator werden, der Friede wird stiften können im sozialen Streit der Erde? Der Christus allein wird es sein … Und die soziale Tätigkeit wird eine Opferweihehandlung, sie setzt das fort, was die alte Kultushandlung war. Der Christus muss, indem er heute lebendig in dem Menschenwesen wirkt, auch selber der große soziale Reformator werden.»

Der Geist der Sonne ist der Urquell des Lichtes des Denkens und der Wärme der Liebe. In seiner Menschwerdung ist er zum Geist der Erde und zum gemeinsamen Geist aller Menschen geworden. In seiner unerschöpflichen Liebe zur menschlichen Freiheit weckt er in jedem Menschen das Schöpfertum des Denkens und die Fantasie der Liebe.

Pietro Archiati
im Frühjahr 2011

Erster Vortrag

Ausbreitung des Christentums

Durch das Wirken des Christus selbst

Oslo, 1. Oktober 1913

Meine lieben Freunde!

Das Thema, über das ich in diesen Tagen gedenke, zu Ihnen zu sprechen, erscheint mir in Bezug auf die Vorstellungen und Ziele der Gegenwart ein besonders wichtiges.

Ich möchte von vornherein betonen, dass es nicht einer Sensationslust entspringt, dass das Thema den Titel «Das Fünfte Evangelium» hat. Denn ich hoffe, Ihnen zeigen zu können, dass von einem Fünften Evangelium gesprochen werden kann, und dass sich für dasjenige, was damit gemeint ist, kein Name besser eignet als der Name: Das Fünfte Evangelium.

Dieses Fünfte Evangelium ist in einer Niederschrift heute noch nicht vorhanden, aber es wird in zukünftigen Zeiten der Menschheit auch in bestimmten Niederschriften angeboten werden. Aber wir können sagen: Es ist dieses Fünfte Evangelium so alt wie die vier anderen.

Damit ich aber von ihm sprechen kann, ist es notwendig, dass wir uns heute in einer Einleitung über einige wichtige Punkte verständigen, die zum vollen Begreifen dieses Fünften Evangeliums notwendig sind.

Ich möchte davon ausgehen, dass ich die Überzeugung ausspreche, dass die Zeiten nicht mehr fern liegen, in denen schon in den untersten Schulen, schon im Primarstufenunterricht die Wissenschaft, die man Geschichte nennt, sich ganz anders als bisher anhören wird. Vor allen Dingen werden in gar nicht fernen Zeiten die Christus-Wahrheit und die Christus-Vorstellung in der Geschichtsbetrachtung und auch in den verschiedenen Unterrichtsstufen der Zukunft eine weit wichtigere Rolle spielen, als sie bisher gespielt haben.

Ich weiß, dass ich mit diesem Satz etwas ausspreche, was sehr paradox (widersprüchlich) erscheinen kann. Denn bedenken wir, dass in früheren Zeiten, bis in unsere Gegenwart herein, unzählige Herzen in inbrünstiger Weise die Gefühle und Empfindungen ihrer Herzen auf den Christus gerichtet haben, unter den einfachsten wie unter den gebildetsten Bewohnern der westlichen Länder Europas, mehr als dies heute der Fall ist. Wer Umschau hält unter den Schriften der Gegenwart, wird den Eindruck haben, dass der Enthusiasmus, die Ergriffenheit der Gefühle für die Christus-Vorstellung im Abnehmen ist, insbesondere da, wo man auf eine aus der Zeit heraus folgende Bildung Anspruch macht.

Da erscheint es wohl paradox, wenn diese unsere Zeit darauf hinarbeiten soll, dass diese Christus-Vorstellung in den Betrachtungen der Geschichtswissenschaft in einer nicht fernen Zukunft eine viel bedeutsamere Rolle in der Menschheit spielen wird, als es bisher der Fall war. Scheint das nicht ein vollständiger Widerspruch zu sein?

Wir wollen uns diesen Gedanken noch von einer anderen Seite ansehen.

Ich habe schon öfter über die Bedeutung und den Inhalt der Christus-Vorstellung sprechen dürfen. In den verschiedenen Vorträgen und Zyklen finden Sie die mannigfaltigsten Ausführungen aus den Tiefen der Geistesforschung heraus über die Geheimnisse des Christus-Wesens und der Christus-Vorstellung.

Ein jeder muss da die Stimmung bekommen, wenn er diesen Vorträgen und Zyklen gefolgt ist, dass zum vollständigen Verstehen des Christus-Wesens ein weitgehendes Rüstzeug gehört, dass man die tiefsten Begriffe, Vorstellungen und Ideen zurate ziehen muss, wenn man sich hinaufschwingen will zu einem vollständigen Verstehen dessen, was der Christus-Impuls ist, der durch die Jahrhunderte gegangen ist. Man muss zu der Überzeugung kommen, dass man erst die ganze Geisteswissenschaft° kennen muss, um sich zu einer richtigen Vorstellung von dem Christus aufzuschwingen.

Wenn wir dagegen auf die Geistesarbeit der verflossenen Jahrhunderte blicken, da tritt uns von Jahrhundert zu Jahrhundert dasjenige entgegen, was vorhanden ist an ausführlicher, tiefgründiger Wissenschaft, die bestimmt sein sollte, den Christus und seine Erscheinung zu begreifen. Durch die Jahrhunderte hindurch haben die Menschen ihre höchsten und bedeutsamsten Ideen aufgewendet, um den Christus zu verstehen. Und es könnte uns erscheinen, als ob die bedeutsamste intellektuelle Arbeit der Menschen aufgewendet worden wäre, um den Christus zu begreifen. Ist das so?

Dass es nicht so ist, davon kann uns eine ganz einfache Erwägung den Beweis liefern. Legen wir auf eine Waagschale alles dasjenige, was man bisher dazu beigetragen hat an Gelehrsamkeit und auch an Theosophie zum Verständnis des Christus-Wesens, legen wir das alles auf die eine Waagschale, und legen wir in unseren Gedanken auf die andere Waagschale all die tiefen Gefühle, all die Innigkeit in den Seelen der Menschen, die sich durch die Jahrhunderte zu dem hingelenkt haben, den man den «Christus» nennt – und man wird finden, dass alle Weisheit, alle Gelehrsamkeit, selbst alle Theosophie, die wir aufbringen können und die wir in die eine Waagschale legen, rasch hinaufschnellen wird, dass dagegen die Gefühle und Empfindungen, die im Laufe der Jahrhunderte die Menschenseelen gegenüber dem Christus-Wesen gehegt haben, die andere Waagschale tief hinabdrängen.

Zu der ungeheuren Wirkung, die von dem Christus ausgegangen ist, hat bisher das Wissen über den Christus das Allerwenigste beigetragen.

Es wäre schlimm gewesen, wenn die Menschen nur auf das angewiesen gewesen wären, was in den aufeinanderfolgenden Jahrhunderten die gelehrten Kirchenväter oder die Scholastiker des Mittelalters aufbringen konnten für das Begreifen des Christus-Wesens. Was man mit all dem aufbringen konnte, wäre wahrhaftig recht gering dafür.

Ich glaube nicht, dass, wenn jemand unbefangen den Gang des Christentums durch die Jahrhunderte betrachtet, er gegen diese Behauptung etwas Ernstes einwenden kann.

Aber wir können uns diesem Gedanken noch genauer nähern. Lassen wir den Blick in die Zeiten zurückschweifen, in denen es noch kein Christentum gegeben hat. Ich brauche nur zu erinnern an dasjenige, was den hier anwesenden Seelen bekannt ist.

Wenn wir in den griechischen Dramen den kämpfenden Gott dargestellt finden oder den Menschen, in dessen Seele der kämpfende Gott wirkt, da tritt vor unsere Seele ein geistiges Leben höchster Art. Wenn wir von allem Übrigen absehen, was an großen Geistern gewirkt hat, und nur zu der Gestalt des Aristoteles sehen, der Jahrhunderte vor der Begründung des Christentums gewirkt hat, so tritt uns entgegen, dass dieser Geist keine Steigerung, keine Fortbildung bis in unsere Zeiten herein erfahren hat. Das Denken, die Wissenschaftlichkeit des Aristoteles ist etwas so Ungeheures, dass man sagen kann: Es war ein so hohes menschliches Denken in der Ausbildung der Logik in ihm erreicht, dass eine Steigerung bisher nicht geschehen ist.

Nun wollen wir für einen Augenblick eine Hypothese machen, die notwendig ist für die Ausführungen der nächsten Tage. Wir wollen uns in Gedanken vorstellen, dass es gar keine Evangelien gäbe, aus denen wir etwas über die Gestalt des Christus Jesus erfahren, dass diese christlichen Urkunden gar nicht vorhanden wären. Wir wollen absehen von dem, was darin über den Christus Jesus gesagt ist, wollen denken, es gäbe gar keine Evangelien. Wir wollen nur den Gang des Christentums durch die Menschheitsentwicklung hindurch betrachten ohne die schriftlichen Urkunden, die in den Evangelien und den Paulus-Briefen niedergelegt sind.

Das ist eine Hypothese, aber sie wird uns bei dem helfen, was wir erreichen wollen. Was ist nun geschehen in den Zeiten, die verflossen sind vor der Begründung und seit der Begründung des Christentums?

Wenn wir den Blick auf den Süden Europas vor der Begründung des Christentums werfen, so haben wir einen gewissen Höhepunkt der geschichtlichen Entwicklung. Da haben wir eine höchst entwickelte menschliche Geistesbildung, ein höchst entwickeltes Geistesleben vor uns, das in den nachfolgenden Jahrhunderten, die auf Aristoteles folgten, eine besondere Ausbreitung erfuhr. Es gab im Süden Europas zahlreiche Menschen, die das griechische Geistesleben aufgenommen hatten.

Wenn wir die Entwicklung dieses Geisteslebens verfolgen, so treffen wir auf einen merkwürdigen Mann, der ein heftiger Gegner des Christentums war – auf *Celsus.* Bis in das 2., 3. Jahrhundert nach Christus hinein findet man auf der griechischen und italienischen Halbinsel zahlreiche Menschen mit höchster Geistesbildung, die sich die hohen Ideen angeeignet haben, die wir bei Platon und Aristoteles finden – scharfsinnige, feine und auch starke Geister mit griechischer Bildung, die zum Feingeistigen des Griechentums das Aggressive des Römertums hinzufügten.

In diese Welt hinein stößt der Christus-Impuls, und zwar so, dass wir sagen können: Die Vertreter dieses Christus-Impulses nehmen sich aus vor der Welt in Bezug auf Intellektualität und Wissen wie ungebildete Leute gegenüber dem, was die im griechisch-römischen Sinne gebildeten Menschen in sich tragen.

Einfache Menschen mit Gemütsbildung schieben sich mit dem Christus-Gedanken in eine Welt vollster, reichster Intellektualität hinein.

Und nun erleben wir ein merkwürdiges Schauspiel. Diese primitiven Naturen breiten verhältnismäßig schnell das Christentum im Süden Europas aus. Und wenn wir heute mit dem, was wir durch die Geisteswissenschaft° von dem Wesen des Christentums kennen, an jene primitiven Naturen herantreten, die damals das Christentum ausbreiteten, so dürfen wir uns sagen: Diese Vertreter des

Christus-Wesens haben nichts auf den Markt des griechisch-römischen Geisteslebens zu tragen als dasjenige, was sie in ihrem Herzen als Verständnis ihres geliebten Christus ausgebildet haben.

Und dennoch verbreitete sich durch sie das Christentum innerhalb dieses hochintellektuellen griechisch-römischen Lebens – und es hat seine Fortsetzung bis in unsere Tage herein gefunden. Seine Verbreiter waren nicht gebildete Theologen oder Theosophen. Auch die Gnostiker haben zur Verbreitung des Christentums nur dasjenige liefern können, was wir auf die hinaufschnellende Waagschale legen müssen. Wäre es auf sie angekommen, so hätte das Christentum seinen Siegeseinzug in die Welt nicht halten können.

So sehen wir: Keine hohen Ideen, keine scharf ausgebildete Intellektualität brachten das alte Griechentum und Römertum zum Sinken. Das ist die Sache von der einen Seite gesehen.

Von der anderen Seite gesehen: Schauen wir uns den Denker Celsus an, den Feind des Christentums, der alles dasjenige gegen das Christentum aufgebracht hat, was man auch heute noch dagegen aufbringen kann. Sehen wir uns diesen fein gebildeten Neuplatoniker an, der Ideen hatte, gegen die die heute ausgebildete Philosophie ein Kinderspiel ist. Durchdringen wir uns mit dem, was dieser hochgebildete Geist gegen das Christentum vorzubringen hat, und wir bekommen den Eindruck: Er und ebenso die anderen Gegner des Christentums haben den Christus-Impuls nicht verstanden. Das Christentum wird bekämpft durch Träger einer hohen Kultur, die nichts begreifen können von dem Wesen des Christus.

Merkwürdig tritt das Christentum in die Welt – so, dass Anhänger und Gegner von seiner Tiefe nichts verstehen und doch die Anhänger im Herzen die Kraft tragen, diesen Christus-Impuls zu seinem Sieg zu führen.

Und sehen wir uns diejenigen an, die für das Christentum eintreten, wie der berühmte Kirchenvater *Tertullian.*

Wir sehen in ihm einen Römer, der ein Neuschaffer der römischen Sprache ist, der mit einer Treffsicherheit neue Worte prägt, die uns eine große Persönlichkeit erkennen lassen. Aber wenn wir fragen: Wie steht es mit der Christus-Idee des Tertullian, dann zeigt er recht wenig geistige Höhe.

So sehen wir: Auch die Verteidiger des Christentums bringen nicht viel zustande, und dennoch sind sie als Persönlichkeiten wirksam. Auch Tertullian wirkt mitreißend.

Durch was wirken diese Träger des Christentums, die von dem Wesen des Christus-Impulses nicht viel verstehen? Durch was wirken die christlichen Kirchenväter, denen man bis hin zu Origenes selbst die Ungeschicklichkeit ansieht in Bezug auf das Verständnis des Christus-Impulses? Was ist es, was selbst die bis zu einer solchen

Höhe griechischer Bildung Gestiegenen nicht verstehen konnten von dem Wesen des Christus-Impulses?

Dieselbe Erscheinung tritt uns bald in einer noch schärferen Weise entgegen. Wir sehen, wie die Jahrhunderte kommen, wo das Christentum sich innerhalb der europäischen Welt unter Völkern wie den germanischen ausbreitet, die von ganz anderen Religionsvorstellungen herkommen und dennoch mit voller Kraft den Christus-Impuls aufnehmen, wie wenn er ihr eigenes Seelenleben wäre.

Und wenn wir uns die Menschen anschauen, die die wirksamsten Glaubensboten waren – waren es theologisch gebildete Leute? Nein, solche waren es, die mit primitiven Seelen unter den Leuten einherzogen und mit allernächstliegenden, alltäglichsten Vorstellungen zu den Leuten sprachen, die aber unmittelbar ihre Worte so zu prägen verstanden, dass sie die tiefsten Saiten des Gemüts berührten bei denjenigen, zu denen sie sprachen. Wenig wussten sie von den Tiefen des Christus-Impulses, und dennoch wirkten sie am bedeutsamsten.

Das sehen wir durch die Jahrhunderte hindurch sich fortsetzen. Da bewundern wir auf der einen Seite, dass bei den Scholastikern das Christentum zum Anlass der bedeutsamsten Gelehrsamkeit und Philosophie wird. Wir unterschätzen diese nicht, aber wir wollen auch den seelischen Blick auf die eigentümliche Erscheinung hinwenden, dass die allereinfachsten Gemüter die stärkste Wirkung ausüben als Träger dieses Christentums.

In nicht allzuferner Zukunft wird man noch manches andere betonen, wenn man von der Ausbreitung des Christentums, von der Wirkung des Christus-Impulses sprechen wird. Man kann leicht verstanden werden, wenn man von den Zeiten spricht, wo die Früchte desselben sich so gezeigt haben, dass man sagen kann: Es ging christliche Lehre und christliche Begeisterung aus ihnen hervor. Aber wenn wir in die neueren Zeiten heraufkommen, dann scheint diese Begeisterung immer mehr abgedämpft zu werden.

Betrachten wir die Zeit des Kopernikus, die Zeit der aufkeimenden Naturwissenschaft bis in das 19. Jahrhundert hinein. Es könnte scheinen, als ob diese Naturwissenschaft, als ob alles, was aus dem Kopernikanismus geworden ist, dem Christentum nach und nach entgegengearbeitet hätte.

Äußere Tatsachen könnten das erhärten, zum Beispiel, wenn bis in die 20er Jahre des 19. Jahrhunderts hinein die kopernikanischen Schriften in der katholischen Kirche auf dem Index standen. Sie hat Kopernikus als ihren Feind gesehen, aber das hindert nicht, dass er ein Domherr war. Und wenn auch die katholische Kirche Giordano Bruno verbrannt hat, so hindert das nicht, dass er ein Dominikaner war.

Aus dem Christus-Impuls heraus sind Kopernikus und Giordano Bruno zu ihren Ideen gekommen. Sie sind Früchte des Christentums, aber die Kirche hat diese Früchte schlecht verstanden. Sie brauchte bis ins 19. Jahrhundert hinein Zeit, um einzusehen, dass man die Ideen des Kopernikus nicht mit dem Index unterdrücken kann.

Der Blick des Menschen hat sich von der Erde in die Himmelsweiten hinaufgewendet. So wie dieses durch Kopernikus und Giordano Bruno geschehen ist, war es nur durch den Christus-Impuls möglich. Wer das geistige Leben der Menschheit in seinen Tiefen betrachtet, für den ergibt sich etwas, was recht paradox erscheint, was aber für eine tiefere Betrachtung des abendländischen Geisteslebens richtig ist.

Für eine solche Betrachtung erscheint es unmöglich, dass ein Haeckel hätte entstehen können, so wie er mit all seiner Gegnerschaft gegen das Christentum dasteht, dass er hätte entstehen können ohne das Christentum. Denn seine Gegnerschaft in Worten, Ideen und Begriffen ist selbst ein Kind des Christentums, sie ist eine direkte Fortsetzung des christlichen Impulses.

Die Menschheit wird, wenn erst die Kinderkrankheiten der neueren Naturwissenschaft ganz abgestreift sein werden, schon einsehen, dass Dinge wahr sind, die unserer Strömung oft so übel genommen werden, dass es wahr ist, dass, konsequent verfolgt, die Naturwissenschaft direkt in die Geisteswissenschaft hineinführt, dass es einen geraden Weg von Haeckel in die Geisteswissenschaft gibt.

Wenn man das einsieht, wird man auch einsehen, dass Haeckel ein durch und durch christlicher Kopf ist, wenn er auch selbst nichts davon weiß. Die christlichen Impulse haben auch das heraufgebracht, was sich wie eine Gegnerschaft gegen dieselben geriert (aufführt). Aus der darwinistischen Entwicklungslehre führt ein gerader Weg zur Anerkennung der wiederholten Erdenleben, zu einer Entwicklung des Menschen, die durch diese hindurchführt.

Um auf dem richtigen Boden zu stehen, insbesondere in Bezug auf diese Dinge, muss man das Walten des Christus-Impulses unbefangen beobachten.

Derjenige, der den Darwinismus und den Haeckelianismus versteht, und der selbst durchdrungen ist von dem, wovon Haeckel nichts, Darwin nur wenig weiß, der kommt ganz von selbst, wenn er diese Bewegungen rückwärts verfolgt, zu einem geistigen Ursprung des Menschengeschlechts, sobald hellsichtige Kraft dazukommt.

Es ist auch der Fall denkbar, dass man den Darwinismus aufnimmt, ohne durchdrungen zu sein von dem Werdeprinzip des Darwinismus. Man kann ihn aufnehmen als einen Impuls und nichts von einem tieferen Verständnis des Christentums in sich fühlen. Man kann dazu kommen, dass man durch eine solche Beschaffenheit der Seele gleich wenig vom Christentum und gleich wenig vom Darwinismus versteht. Man kann von den guten Geistern beider verlassen sein.

Wenn man aber den guten Geist des Darwinismus hat, so mag man noch so sehr Materialist sein – man kommt immer weiter zurück in der Erdentwicklung und man kommt ganz von selbst darauf, dass der Mensch sich nicht aus tieferstehenden Tierformen entwickelt hat, sondern dass man den Menschen in seinem Beginn als geistiges Wesen, gleichsam über der Erdentwicklung schwebend, zu sehen hat.

Davon wissen die Darwinisten heute noch nichts, aber der konsequent durchgeführte Darwinismus führt zurück zu einem geistigen Ursprung des Menschen. Wenn man aber von den guten Geistern des Darwinismus verlassen ist, dann kann man sagen, dass der Mensch auf einem der Erde vorangegangenen Planeten ein Affe gewesen ist.

So ist selbst der Materialismus eine Art Produkt des Christentums. Der Christus-Impuls wirkt bis in unsere Zeit herein selbst da, wo die Menschen ihn verleugnen. So breitete sich das Christentum nicht nur in den ersten Jahrhunderten und ferner im Mittelalter so aus, dass die gelehrten Kirchenväter und die Scholastiker sehr wenig dazu beigetragen haben, sondern wir haben in unserer Zeit die noch paradoxere Erscheinung, dass das Christentum wie in sein Gegenbild umgewandelt in unserer heutigen Naturwissenschaft erscheint. Diese hat aber all ihre Tatkraft aus dem christlichen Impuls heraus.

Sonderbar ist es mit diesem christlichen Impuls! Wissenschaft, Erkenntnis, Gelehrsamkeit scheinen nicht dabei zu sein, ganz etwas anderes scheint sein Ausbreiten durch die Welt zu bedingen. Es breitet sich aus, was auch die Menschen dagegen tun.

Was breitet sich denn da aus? Die christlichen Ideen sind es nicht, die christliche Wissenschaft ist es nicht. Man könnte noch sagen, das moralische Gefühl breitet sich aus, das durch das Christentum gepflegt wird. Aber man sehe sich das Walten der Moral in diesen Zeiten an, und man wird sehen, wie die Vertreter des Christentums gegeneinander und gegen die Gegner des Christentums wüten. Auch von der Moral, die in diesen Seelen waltet, werden wir keinen besonders imponierenden Begriff bekommen, wenn wir sie ins Auge fassen.

Was ist denn dies sonderbare Etwas, dass da seinen Siegeseinzug in die Welt macht? Fragen wir darüber die Geisteswissenschaft, das heißt, das hellsichtige Bewusstsein: Was waltet in den ungebildeten Menschen, die sich von Osten nach Westen hineinschieben in das hochgebildete griechisch-römische Geistesleben? Was sieht das hellsichtige Bewusstsein in diesen Seelen walten, wenn es sich in sie vertieft? Was waltet da, wenn es nicht die Intellektualität und nicht die moralischen Impulse sind? Was ist es, was da waltet?

Es ist *der Christus selbst!* Es ist der Christus, der von Herz zu Herz, von Seele zu Seele zieht und durch diese

Seelen im Laufe der Jahrhunderte wirkt, gleichgültig, ob diese Seelen ihn verstehen oder nicht verstehen.

Wir sind gezwungen, von allen Begriffen, von aller Wissenschaft abzusehen und auf die Realität hinzuweisen – hinzuweisen darauf, wie geheimnisvoll der Christus selbst waltet, in die Seelen der Menschen untertaucht und durch die Jahrhunderte die Menschenseelen erfüllt. In den einfachen Seelen dieser Menschen ist es der Christus selbst, der über die italienische Halbinsel hinzieht, der nach Westen und Norden hin immer mehr Menschenseelen ergreift.

Der wahrhaftige Christus ist es, der auf der Erde waltet wie die Seele der Erde selbst. Der Christus ist es, der von Ort zu Ort, von Seele zu Seele zieht. Ganz gleichgültig, wie diese Seelen über den Christus denken, er zieht in diese Seelen ein.

Einen trivialen Vergleich möchte ich hier anwenden: Wie viele Menschen gibt es, die nichts verstehen von der Zusammensetzung der Nahrungsmittel, und die sich doch ernähren nach allen Regeln der Kunst. Wenn man sich ernährt, hat das nichts zu tun mit dem Verständnis für die Nahrungsmittel.

So hatte die Ausbreitung des Christentums über die Erde hin nichts zu tun mit dem Verständnis, das man dem Christus entgegenbrachte. Das ist das Eigentümliche mit dem Walten des Christus-Impulses: Da waltet ein Geheimnis, jenes Geheimnis, das nur dann aufgeklärt werden kann, wenn man die Antwort gibt auf die Frage, wie waltet der Christus selbst in den menschlichen Gemütern.

Wenn sich die Geisteswissenschaft, die hellsichtige Betrachtung diese Frage stellt, wird sie zuerst auf ein Ereignis gelenkt, das nur durch die hellsichtige Betrachtung enthüllt werden kann, die im vollen Einklang steht mit dem, was ich heute ausgesprochen habe, was aber in der Zukunft immer mehr wird verstanden werden können.

Die Zeit ist vorüber, in der der Christus so gewirkt hat, wie ich es eben charakterisiert habe. Die Zeit ist gekommen, in der die Menschen den Christus werden verstehen, erkennen müssen. Deshalb ist es notwendig, sich auch die Frage zu beantworten, warum unserer Zeit die andere vorangegangen ist, in der der Christus-Impuls sich ausbreiten konnte, ohne dass die Menschen mit ihrem Bewusstsein dabei waren.

Ein Ereignis war es, wodurch dieses möglich war: Das *Pfingstfest,* die Aussendung des Heiligen Geistes machte es möglich. Daher war es, dass der hellsichtige Blick, der angeregt ist durch die Geisteswissenschaft, zuerst auf dieses Pfingstfest hingelenkt worden ist, auf die Aussendung des Heiligen Geistes.

Hellsichtig betrachtet ist dieses Pfingstereignis dasjenige, was sich zuerst der Untersuchung des Forschers darbietet. Was geschah in jenem Augenblick der Welt- und Erdentwicklung, der uns als das Herabkommen des Heiligen Geistes auf die Apostel dargestellt wird?

Wenn man den hellsichtigen Blick auf dieses Ereignis hinlenkt und untersucht, was sich da vollzogen hat, bekommt man eine geisteswissenschaftliche Antwort darauf, was gemeint ist, wenn gesagt wird: Einfache Leute wie die Apostel fingen an, «in verschiedenen Zungen zu sprechen».

Aus den Tiefen des geistigen Lebens heraus hatten sie etwas zu sagen, was man nicht bei ihnen suchen kann. Ja, meine lieben Freunde, damals begann das Christentum sich so auszubreiten, dass es unabhängig von dem Verständnis der Menschen wirkte, in deren Gemütern es sich ausbreitete.

Von jenem Pfingstfest ergießt sich der Strom der Christus-Kraft über die Erde hin. Was ist dieses Pfingstereignis gewesen?

Mit der Antwort, die durch hellsichtige Forschung darauf zu geben ist, beginnt das Fünfte Evangelium.

Zweiter Vortrag

Osterschau zu Pfingsten

Die kosmische Liebe, auf der Erde geboren

Oslo, 2. Oktober 1913

Meine lieben Freunde!

Gestern habe ich bereits angedeutet, dass der Blick der hellsichtigen Forschung zuerst auf das *Pfingstereignis* hingelenkt wird, denn dieses Ereignis stellt sich für den nach rückwärts gewendeten hellsichtigen Blick wie eine Art Erwachen dar, das diejenigen Persönlichkeiten, die man die Apostel oder Jünger des Christus Jesus nennt, an einem gewissen Tag empfunden haben.

Es ist nicht leicht, eine Vorstellung von all diesen Erscheinungen hervorzurufen. Wir werden uns an manches in den Untergründen unserer Seele erinnern müssen, was sich uns aus unseren bisherigen Betrachtungen ergeben hat, wenn wir genaue Vorstellungen verbinden wollen mit dem, was über dieses Thema heute zu sagen ist.

Wie Erwachende kamen sich die Apostel vor, wie Menschen, die zu diesem Zeitpunkt das Gefühl hatten, dass sie eine lange Zeit, viele Tage hindurch, in einem ihnen ungewohnten Bewusstseinszustand gelebt hatten. Es war wie eine Art Aufwachen aus einem tiefen Schlaf, der aber so ist, dass man daneben alle Verrichtungen des Tages als gesunder Mensch vollzieht, sodass einem die anderen Menschen, mit denen man umgeht, gar nicht ansehen, dass man in einem anderen Bewusstseinszustand ist.

Es trat also für die Apostel der Zeitpunkt ein, wo es ihnen so vorkam, als ob sie eine lange, tagelange Zeit wie in einem traumerfüllten Schlaf gelebt hätten, aus dem sie an diesem Pfingstfest erwachten. Und dieses Erwachen fühlten sie in einer eigentümlichen Weise.

Sie fühlten dieses Erwachen so, als wenn aus dem Weltenall etwas auf sie herabgestiegen wäre, was man die *Substanz der allwaltenden Liebe* nennen kann. Durch diese Befruchtung wurden sie auferweckt aus dem traumhaften Bewusstseinszustand.

Es fühlten sich diese Apostel, wie wenn sie durchdrungen und durchwärmt wären durch dasjenige, was als die ursprüngliche Kraft der Liebe das Weltenall durchdringt und durchwärmt. Wie wenn sich das in die Seele eines jeden Einzelnen von ihnen gesenkt hätte, so kamen sie sich vor.

Und den anderen Menschen, die beobachten konnten, wie sie nun sprachen, denen kamen sie ganz fremdartig vor. Sie wussten, dass das Menschen waren, die bisher in außerordentlich einfacher Weise gelebt hatten, von denen sich einige in den letzten Tagen sonderbar, wie traumverloren benommen hatten.

Aber jetzt kamen diese Apostel den Leuten wie umgewandelt vor, wie Menschen, die eine ganz neue Verfassung, eine ganz neue Stimmung der Seele gewonnen hatten, wie Menschen, die alle Engigkeit, alle Eigensüchtigkeit des Lebens verloren hatten, wie Menschen, die statt dieser Engigkeit und Eigensüchtigkeit ein umfassendes Herz, eine tiefe Toleranz im Inneren gewonnen hatten, die ein tiefes Herzensverständnis für alles hatten, was menschlich ist auf der Erde, und die sich so ausdrückten, dass ein jeder Mensch sie verstehen konnte. Man fühlte, dass sie in jedes Herz schauen konnten und die tiefsten Geheimnisse des Herzens errieten, sodass sie einem jeden das sagen konnten, was er brauchte.

Es war im höchsten Grad verwunderlich für diese Beobachter, dass es eine solche Umwandlung mit einer Anzahl von Menschen geben kann.

Und die Apostel selbst, die durch den Geist der kosmischen Liebe auferweckt waren, sie fühlten in sich selbst noch etwas anderes. Sie fühlten in sich selbst ein neues Verständnis für dasjenige, was sich in innigster Gemeinschaft mit ihren Seelen abgespielt hatte, was sie aber damals, als es sich abspielte, nicht erkannt hatten.

Jetzt erst, da sie sich befruchtet fühlten mit der kosmischen Liebe, trat vor ihr Seelenauge ein Verständnis dessen, was auf Golgota geschehen war.

Und wenn wir in die Seele des einen dieser Jünger, in die *Seele des Petrus* hineinsehen, so stellt sich uns für den rückschauenden Blick seine Seele so dar, dass sie sich von jenem Zeitpunkt an, als die «Verleugnung» des Petrus geschah, jetzt wie von ihrem irdisch denkenden Bewusstsein abgerissen erkannte.

Da sah der Petrus jetzt auf diese Verleugnung hin, darauf, wie er gefragt worden war, ob er einen Zusammenhang mit dem Galiläer hätte. Und jetzt wusste er, er hatte diesen Zusammenhang abgeleugnet, weil damals sein normales Bewusstsein begann, sich herabzudämpfen, und ein abnormer Zustand sich über sein Bewusstsein verbreitete – eine Art Traumzustand, der aber ein Entrücktsein in eine ganz andere Welt bedeutete.

Es war ihm jetzt an diesem Pfingstfest so zumute, wie einem beim Aufwachen am Morgen zumute ist. Man erinnert sich da an die letzten Ereignisse vom Abend. So erinnerte sich Petrus an die letzten Ereignisse, bevor dieser abnorme Zustand eintrat: an die dreimalige Verleugnung, bevor der Hahn zum zweiten Mal krähte.

An das erinnerte er sich. Dann breitete sich über seine Seele jener Zustand aus, wie sich für den Schlafenden die Nacht ausbreitet. Aber er erinnerte sich auch, wie sich jener Zwischenzustand mit Bildern erfüllte, die eine Art höheren Bewusstseins darstellten, ein Miterleben von rein geistigen Angelegenheiten.

Alles dasjenige also, was er verschlafen hatte, das trat jetzt wie in einem hellsichtigen Traum vor seine Seele. Vor allem lernte er jetzt das Ereignis schauen, von dem man sagen kann, er hatte es verschlafen, er hatte es nicht mit seinem Verständnis erlebt, weil zum vollen Verständnis dieses Ereignisses die Befruchtung mit der allwaltenden kosmischen Liebe notwendig ist.

Und jetzt, da diese erfolgt war, jetzt traten ihm vor Augen die Bilder des Mysteriums von Golgota.

Sie traten ihm so vor Augen, wie wir sie wieder erleben können, wenn wir sie mit rückschauendem, hellsichtigem Bewusstsein wachrufen, wenn wir die Bedingungen dafür herstellen.

Mit einem Gefühl, das ganz eigenartig ist, entschließt man sich, dasjenige in Worte zu prägen, was sich da dem hellsichtigen Bewusstsein eröffnet, wenn man in das Bewusstsein des Petrus und der anderen hineinschaut, die mit ihm an diesem Pfingstfest versammelt waren. Mit einer heiligen Scheu nur kann man sich entschließen, von diesen Dingen zu sprechen.

Man ist fast überwältigt von dem Bewusstsein, man betrete heiligen Boden menschlichen Anschauens, wenn man dasjenige betrachtet, was sich da dem Seelenblick eröffnet. Aber es erscheint aus gewissen Vorbedingungen heraus für unsere Zeit notwendig, über diese Dinge zu sprechen – mit dem vollen Bewusstsein, dass andere Zeiten als unsere kommen werden, in denen man mehr Verständnis dem entgegenbringen wird, was gesagt werden muss über dieses Fünfte Evangelium, als man es heute kann.

Denn um zu verstehen, was über diese Angelegenheiten gesagt werden muss, muss die Menschenseele sich noch von vielem befreien, was sie heute aus der Zeitkultur heraus notwendigerweise anfüllen muss.

Zunächst stellt sich, wenn man hellsichtig zurückschaut auf das Mysterium von Golgota, etwas vor diesen hellsichtigen Blick hin, was, wenn man es in Worte fasst, sich wie eine Art Beleidigung des naturwissenschaftlichen Bewusstseins unserer Zeit ausnimmt. Dennoch aber fühle ich mich verpflichtet, so gut es geht, dasjenige in Worte zu prägen, was sich dem hellsichtigen Blick darstellt. Nichts kann ich dafür, wenn dasjenige, was ich sagen muss, hinausdringen sollte in weniger vorbereitete Gemüter, die sich dadurch beleidigt fühlen könnten.

Es fällt der hellsichtige Blick zunächst auf ein Bild, das eine Realität darstellt – ein Bild, das auch in den anderen Evangelien angedcutet ist, das aber einen ganz besonderen Anblick darbietet, wenn man es aus der Fülle der Bilder hervortreten sieht, die der hellsichtige Blick erhalten kann.

Auf eine Art *Verfinsterung der Erde* fällt der hellsichtige Blick. Man fühlt, wie in diesem bedeutungsvollen Moment, der durch Stunden hindurch anhält, wie da die physische Sonne verfinstert ist über dem Land Palästina, über der Stätte von Golgota. Man fühlt dasselbe, man kann dasselbe Gefühl haben, wie wenn man eine wirkliche äußere Sonnenfinsternis über das Land gehen erlebt.

Für den Seelenblick nimmt sich die ganze Umgebung des Menschen während einer solchen mehr oder weniger starken Sonnenverfinsterung folgendermaßen aus. Da sieht alles ganz, ganz anders aus.

Ich möchte von all jenen Dingen in der Umgebung des Menschen absehen, die Menschenkunst und Menschentechnik in der physischen Welt° hervorgebracht haben. Denn es bedarf eines starken Gemütes und eines Durchdrungenseins von dem Gefühl der Notwendigkeit, dass das alles hervorgebracht werden muss, um den dämonischen Anblick zu ertragen, den diejenigen Wesen darbieten, die einem aus allen menschlichen Werken der Kunst und der Technik entgegentreten.

Aber auch ein anderes sieht man, etwas, was sonst nur durch Meditation erlangt werden kann. Man sieht, dass während einer solchen Sonnenfinsternis alle Tierwesen, alle Lebewesen ganz anders sind.

Jedes Tier, jeder Vogel, jeder Schmetterling sieht ganz anders aus. Man bemerkt eine Herabdämpfung des Lebensgefühls, und das kann in der Seele die Überzeugung hervorrufen, wie innig zusammenhängt im Kosmos das geistige Leben, das zur Sonne gehört, mit unserer Erde und mit dem, was darauf als lebendige Wesen sich befindet.

Und man bekommt das Gefühl: Wenn dem Leben der Sonne das physische Leuchten gewaltsam verdunkelt wird durch den davortretenden Mond, so ist das etwas ganz anderes, als wenn die Sonne nicht scheint in der Nacht. Ganz, ganz anders ist das für den eine Sonnenfinsternis beobachtenden Seelenblick.

Da fühlt man etwas wie ein Aufstehen all dessen, was man die Gruppenseelen der Pflanzen und Tiere nennt – dagegen etwas wie ein Mattwerden aller physischen Leiblichkeit der Tiere und Pflanzen. Es tritt etwas ein wie ein Hellwerden all dessen, was geistig, was gruppenseelenhaft ist.

Das alles stellt sich in hohem Maße dar, wenn der hellsichtige Blick auf das Mysterium von Golgota hinschaut. Und dann tritt etwas auf, was man nennen kann: Man lernt lesen, was dieses merkwürdige Naturzeichen, diese plötzlich auftretende Verfinsterung der Sonne, die in den nach rückwärts angeschauten Kosmos hineingestellt ist, während das Mysterium von Golgota stattfand, was dieses Zeichen bedeutet.

Diese Sonnenfinsternis wird in okkulter Schrift so gelesen, dass sie den unmittelbaren Eindruck macht, wie wenn man ein Buch aufschlägt und beginnt, die Schrift zu lesen. Ebenso fühlt man sich, wenn man die Zeit von Golgota im hellsichtigen Bewusstsein vor sich hat, wie wenn man etwas aus den Schriftzeichen herausholt, was man lesen soll. So stellt sich einem die Notwendigkeit entgegen, man soll etwas lesen wie ein in den Kosmos hineingeschriebenes Wort. Man fühlt, man soll das lesen.

Und was liest man bei der Lektüre dieses in den Kosmos hineingeschriebenen Zeichens?

Gestern habe ich gezeigt, wie sich in der Griechenzeit die Menschheit so entwickelt hatte, dass sie in Aristoteles, in Platon hinaufgestiegen war zu einer ganz besonders hohen Ausbildung der Intellektualität der Menschenseele, sodass es in vieler Beziehung in folgenden Zeiten nicht überholt werden konnte. Es war in diesen Seelen für die Intellektualität des Menschen ein Höchstes in die Menschheitsentwicklung hineingekommen. Man kann vieles erkennen, wenn man das erkennt.

Und wenn sich die hellsichtig beobachtende Seele, die die Zeit von Palästina beobachtet, anschaut, wie dieses intellektuelle Wissen der Menschen durch Wanderprediger verbreitet wurde über die griechische und die italienische Halbinsel in einer Weise, wie man es sich heute gar nicht vorstellen kann, dann bekommt diese hellsichtig beobachtende Seele die Möglichkeit eines Eindrucks, der sich wie ein Lesen des genannten, in den Kosmos hineingestellten Schriftzeichens ausnimmt.

Und man sagt sich: Für alles dasjenige, was sich die Menschheit an Wissen gesammelt hatte, ist ein Zeichen der Mond, der für den Erdenstandpunkt seinen Gang durch das Weltenall geht. Deshalb der Mond, weil sich all dieses menschliche Wissen zu den Weltgeheimnissen nicht als rätsellösend, nicht als aufschließend verhalten hat, sondern als diese höhere Erkenntnis verdunkelnd. Das liest man, wenn man das okkulte Schriftzeichen der Sonne liest, die vom Mond verdunkelt wird.

Dann weiß man: So trat diese ganze intellektuelle Helligkeit der Menschenseelen vor das hellsichtige Wissen der alten Zeiten – nicht die Weltenrätsel aufklärend, sondern sie verdunkelnd, so wie der Mond die Sonne verdunkelt. Man fühlt die Verdunkelung der geistigen Welt durch das intellektuelle Wissen der Menschen, das sich vor die Weisheit der spirituellen Erkenntnis hingestellt hatte, so wie jetzt der Mond vor die Sonne.

Und das äußere Naturereignis wird einem zum Ausdruck dafür, dass die Menschheitsentwicklung auf der Erde eine Stufe erreicht hatte, innerhalb welcher sich das aus den Menschenseelen herausgeschöpfte Wissen vor die höhere Erkenntnis hingestellt hatte. Die menschliche Seelenverdunkelung fühlt man in den Kosmos hineingeschrieben mit einem ungeheuren Zeichen der okkulten Schrift in jener Verfinsterung der Sonne im Moment des Mysteriums von Golgota.

Ich habe gesagt, dass das Bewusstsein der Gegenwart es wie eine Beleidigung empfinden kann, dass man so etwas ausspricht, da es kein Verständnis für jenes Walten von geistigen Kräften im Weltenall hat, die in Zusammenhang mit dem stehen, was in der Menschenseele als Kräfte waltet. Ich will nicht von einem Durchbrechen der Naturordnung sprechen, aber ich kann nicht anders, als Ihnen mitteilen, wie man diese Verfinsterung lesen muss: Dass man gar nicht anders kann, als lesen, dass mit dem Mondwissen eine Verfinsterung gegenüber der höheren Sonnenbotschaft eingetreten war.

Und dann, nachdem man dieses Zeichen der okkulten Schrift gelesen hat, stellt sich vor das hellsichtige Bewusstsein hin das Bild des erhöhten Kreuzes auf Golgota und das Bild des an dem Kreuz hängenden Körpers des Christus Jesus zwischen den beiden Räubern.

Und es stellt sich ein – und ich darf wohl wie in Parenthese (Klammern) einfügen –, je mehr man sich gegen dieses Bild wehrt, desto heftiger stellt sich ein das Bild der Kreuzesabnahme und der Grablegung. Und jetzt tritt wiederum ein ganz gewaltiges Zeichen ein, wodurch wie geschrieben ist in den Kosmos etwas, was man wie ein Symbol dessen lesen muss, was in der Menschheitsentwicklung geschehen ist.

Man verfolgt das Bild des vom Kreuz herabgenommenen Leichnams des Jesus, der in das Grab gelegt wird, und man wird durchrüttelt in seiner Seele von einem *Erdbeben,* das über jene Gegend ging, wenn man den Seelenblick darauf richtet.

Vielleicht wird man einmal den Zusammenhang jener Verfinsterung mit dem Erdbeben auch naturwissenschaftlich besser einsehen, wenn man den Zusammenhang von Sonnenfinsternissen mit Erdbeben und auch mit schlagenden Wettern in Bergwerken besser einsehen wird.

Jenes Erdbeben, welches das Grab durchrüttelte, in das der Leichnam des Jesus gelegt war, bewirkte, dass das Grab zerspalten und zerrissen wurde. Dadurch wurde auch der Stein abgewälzt, der es bedeckte. Aufgerissen wurde die Erde, ein Spalt entstand und aufgenommen wurde der Leichnam, der in das Felsengrab gelegt war, in diesen Spalt. Beim weiteren Rütteln der Erde schloss sich der Spalt – und das Grab war leer, als die Leute am Morgen kamen, denn die Erde hatte durch jenes Beben den Leichnam aufgenommen. Der Stein aber war noch hinweggeschleudert.

Verfolgen wir noch einmal die Bilderreihe:

- Auf dem *Kreuz* von Golgota verscheidet der Jesus;
- *Finsternis* bricht herein über die Erde;
- das *Grab* wird geöffnet, der Leichnam wird hineingelegt;
- ein *Erdbeben* durchrüttelt die ganze dortige Gegend;
- der *Leib* wird *in den Spalt* aufgenommen und dieser Spalt schließt sich wieder.

Ich schildere Ihnen dieses alles als Tatsachen, auf die sich der hellseherische Blick richtet.

Mögen die Leute, die sich aus dem Rationalismus heraus solchen Dingen nähern, urteilen, wie sie wollen – das, was der hellsichtige Blick sieht, ist so, wie ich es Ihnen schildere.

Und wenn man sagen wollte, so etwas könne nicht geschehen, dass aus dem ganzen Kosmos heraus ein solch gewaltiges Zeichen wie ein Symbol hingestellt werde von dem, dass ein neuer Impuls gegenüber der Verfinsterung eingetreten ist, wenn man sagen wollte, so schreibe der Kosmos nicht seine Zeichen in das Weltgeschehen ein, so kann ich nur erwidern: Euer Glaube in allen Ehren, aber es ist so geschehen, es hat sich so ereignet.

Ich kann mir denken, dass ein Ernest Renan kommt und sagt: An solche Dinge glaubt man nicht, denn man glaubt nur an dasjenige, was sich jederzeit wieder im Experiment herstellen lässt. Aber so wenig, wie man dieses, was da auf Golgota geschah, wieder herstellen kann, ebenso wenig ist es zum Beispiel möglich, heute experimentell wieder alle die Bedingungen herzustellen, durch die die Eiszeit über die Erde gekommen ist. Dennoch glauben die Menschen an die Eiszeit der Erde.

So ist es mit diesem Zeichen. Man kann es nicht experimentell wieder herstellen, aber es ist geschehen. Wir können also zu diesem Ereignis nur vordringen, wenn wir den Weg einschlagen, den ich angedeutet habe: dass wir uns in die Seele des Petrus oder eines der anderen Apostel vertiefen, die sich am Pfingstfest befruchtet fühlten von der allwaltenden Liebe.

Wenn wir sehen, was diese Seelen erlebt haben, dann finden wir die Möglichkeit, auf das auf Golgota erhöhte Kreuz hinzuschauen, auf die Verfinsterung der Sonne und auf das Beben der Erde, das dann folgte.

Dass im äußeren Sinne diese Verfinsterung und dieses Beben ganz gewöhnliche Naturereignisse waren, wird nicht geleugnet; dass aber für den, der diese Ereignisse hellsichtig verfolgt, sich diese Ereignisse so lesen wie gewaltige Zeichen der okkulten Schrift, ist ebenso wahr. Das muss heute von dem gesagt werden, der in seiner Seele die Bedingungen zu diesem Lesen hergestellt hat.

Auf dem Feld des von allerlei Bildern erhellten Schlafes kristallisieren sich für den Petrus als erstes Ergebnis der Befruchtung mit der allwaltenden kosmischen Liebe diese Bilder heraus. Und jetzt wusste er, was er früher mit seinem normalen Bewusstsein nicht gewusst hatte: dass das Ereignis von Golgota stattgefunden hatte, dass der Leib, der am Kreuz hing, derselbe war, den er früher gesehen hatte, mit dem er gewandelt war.

Jetzt wusste er, dass der Jesus am Kreuz gestorben war. Und er wusste auch, dass dieses Sterben eine Geburt war, die Geburt desselben Geistes, der als allwaltende Liebe sich jetzt in die Seelen der versammelten Jünger ausgegossen hatte.

Und wie einen Strahl der urewigen Liebe fühlte er in seiner Seele den Geist erwachen als denselben, der geboren war, als der Jesus am Kreuz verschied. Und eine ungeheure Weisheit senkte sich in die Seele des Petrus.

Es ist nur Schein, dass am Kreuz sich ein Tod vollzogen hat. In Wahrheit war dieser Tod, dem ein unendliches Leiden vorangegangen war, für die ganze Erde die Geburt desselben, von dem jetzt ein Strahl in seine Seele hineingegangen war. Für die Erde war mit diesem Tod dasjenige geboren, was früher im Kosmos, abgesondert von der Erde, vorhanden war – die allwaltende Liebe.

Ja, meine lieben Freunde, abstrakt scheint ein solches Wort leicht ausgesprochen, aber man muss sich in diese Petrus-Seele hineinversetzen, in das hinein, was sie in diesem Moment zum allerersten Mal fühlen konnte: Der Erde ist etwas geboren worden durch diesen Tod am Kreuz, was früher nur im Kosmos, außerhalb der Erde, gelebt hat.

Der Tod des Jesus von Nazareth ist die Geburt der allwaltenden Liebe innerhalb der Erdensphäre!

Das ist die erste Erkenntnis, die wir lesen können aus dem, was wir das Fünfte Evangelium nennen. Mit dem, was in den anderen Evangelien die Herabkunft des Geistes genannt wird, ist dasjenige gemeint, was ich jetzt geschildert habe. Die Apostel waren durch ihre ganze Seelenverfassung nicht geeignet, das Ereignis von Golgota anders mitzumachen als mit einem abnormen Bewusstsein.

Noch eines anderen Momentes in seinem vorhergehenden Leben musste Petrus – und auch Johannes und Jakobus – gedenken, der auch in den anderen Evangelien geschildert wird, der uns aber durch das Fünfte Evangelium erst in seiner vollen Bedeutung verständlich wird. Da schauten sie hin auf jenen Moment, wo der Christus Jesus sie hinaufgeführt hatte zum Garten Gethsemane und wo er zu ihnen gesagt hatte: Wachet und betet!

Sie waren aber eingeschlafen. Und jetzt wussten sie: Da begann das Herausfallen aus dem normalen Bewusstsein, mit dem sie bis dahin die physische Gemeinschaft mit dem Jesus von Nazareth erlebt hatten. Von jenem Ereignis in Gethsemane an versanken sie immer mehr in Bezug auf ihr Bewusstsein in jenen Schlaf, der während des Ereignisses auf Golgota andauerte.

Jetzt mussten sie gedenken, wie sie in diesen Zustand verfallen waren. Und sie erlebten, wenn sie jetzt zurückblickten, wie in ihren Seelen das Bewusstsein des größten Ereignisses heraufdämmerte, das sich in dem irdischen Leib dessen abgespielt hatte, mit dem sie physisch gewandelt waren. Wie in der menschlichen Seele versunkene Träume in der Erinnerung auftauchen, so tauchten die verflossenen Tage im Bewusstsein der Seelen dieser Apostel auf.

Während dieser Tage selbst hatten sie es nicht mit normalem Bewusstsein miterlebt, jetzt aber tauchte das alles in dem normalen Bewusstsein auf. Was sie in einem anderen

Bewusstseinszustand miterlebt hatten, das fühlten sie jetzt in ihr gewöhnliches Bewusstsein hereintreten.

Da traten die zehn Tage auf, die von der Himmelfahrt bis zum Pfingstfest verflossen waren, und diese Tage kamen ihnen wie eine Zeit des tiefsten, allertiefsten Schlafes vor. Dann, rückwärts schauend, kam ihnen hinter dieser Zeit Tag für Tag die ganze Zeit von der Himmelfahrt bis zum Mysterium von Golgota in einer ganz merkwürdigen Weise heraus.

Verzeihen Sie, wenn ich hier eine persönliche Bemerkung einschalte. Ich muss gestehen, dass ich selbst im höchsten Grad erstaunt war, als ich sah, wie das in der Seele der Apostel herauskam, was sie in der Zeit zwischen dem Mysterium von Golgota und der Himmelfahrt erlebt hatten. Es ist etwas ganz Merkwürdiges, was man da sieht, wenn man in die Seele der Apostel hineinschaut.

Da tauchte in diesen Seelen Bild nach Bild auf, und diese Bilder sagten ihnen: Ja, du warst zusammen mit dem, der am Kreuz gestorben ist. Du bist ihm begegnet.

So, wie man sich im wachen Zustand an Träume erinnert und weiß, man war im Traum zusammen mit diesem oder jenem, so kamen wie Träume in die Seelen der Apostel die Erinnerungen herauf: Ja, du warst mit dem beisammen, der am Kreuz starb.

Aber ganz eigenartig war das, immer mussten sie sich sagen: Wir erkannten ihn nicht, wir fragten uns: Wer ist es denn, mit dem wir da zusammen waren? Sie fühlten, das ist eine geistige Gestalt. Aber dann erkannten sie ihn wieder nicht.

Sie wussten: Wir sind in diesem schlafartigen Zustand mit ihm gewandelt. Aber sie erkannten ihn damals nicht in der Gestalt, in der er ihnen jetzt aufgegangen war nach der Befruchtung mit der allwaltenden Liebe.

Sie sahen sich nach dem Mysterium von Golgota mit dem wandeln, den wir den «Christus» nennen. Sie sahen, wie er ihnen Lehren vom Reich des Geistes gab, wie er sie unterwies. Sie lernten jetzt verstehen, wie sie vierzig Tage lang mit diesem Wesen, das am Kreuz geboren war, herumgewandelt waren, wie dieses Wesen ihr Lehrer war, wie sie mit ihrem normalen Bewusstsein für die Lehren dieses Wesens der Liebe nicht reif waren, wie sie mit den unterbewussten Kräften der Seele das hatten aufnehmen müssen, wie sie wie Nachtwandler neben dem Christus gegangen waren, wie sie mit ihren physischen Sinnen, mit ihren Augen und Ohren nicht hatten verstehen können, wie die über die Erde wandelnde Christus-Gestalt sie lehrte (s. Haager Vortrag).

Da ihr normales Bewusstsein nicht fähig war, diese Lehren aufzunehmen, so wurde es in ihnen herabgedämpft. Und jetzt hörten sie die Lehren vom Reich des Geistes mit einem Bewusstsein, das jetzt erst in ihnen heraufdrang, nachdem sie das Pfingstfest hatten durchmachen können.

Jetzt wussten sie: Als der geistige Lehrer war ihnen der Christus erschienen. Er hatte sie unterwiesen in den Geheimnissen, die sie nun verstehen konnten, wenngleich er sie in einen ganz anderen Bewusstseinszustand entrückte.

So sahen sie sich jetzt erst in dem, was sie erlebt hatten, aber damals nicht erkannt hatten, als sie es erlebten. Sie waren mit dem Christus, dem Auferstandenen, gewandelt, aber jetzt erst erkannten sie, was ihnen geschehen war. Und wodurch erkannten sie, dass es derselbe war, mit dem sie im Leib vor dem Mysterium von Golgota herumgegangen waren?

Nehmen wir an, solch ein Bild trat jetzt unter dem Eindruck des Pfingstereignisses in der Seele des Petrus auf. Er sah, wie der Auferstandene ihn unterrichtet hatte, aber er sah, er erkannte ihn nicht. Er sah ein geistiges Wesen, aber er erkannte es nicht. Dann aber mischte sich ein anderes Bild hinein, das ein Erlebnis darstellte, das dieser Apostel *vor* dem Mysterium von Golgota mit dem Christus durchgemacht hatte.

So gab es eine Szene, wo sich die Apostel von dem Reich des Geistes unterrichtet fühlten, sie sahen sich einem geistigen Wesen gegenüberstehen, das sie unterrichtete und das sie nicht erkannten; dann mischte sich in dieses Bild eine Szene vor dem Abendmahl hinein, und nun verstand solch ein Apostel, dass das derselbe ist – dass er vor sich hatte:

- einmal ein übersinnliches Erlebnis *mit dem Auferstandenen,*
- und dass in dieses Bild sich hineinmischte dasjenige, was er *mit dem leibhaftigen Jesus* vor dem Abendmahl erlebt hatte.

Und da erst erkannten die Apostel, dass das derselbe ist, mit dem sie einst gewandelt waren im Leib, und der sie jetzt nach dem Mysterium von Golgota unterrichtete. Es war ein vollständiges Zusammenfließen der Erinnerungen aus dem Schlafzustand und der Erinnerungen an dasjenige, das vorangegangen war.

Zwei Bilder, die sich deckten, traten jetzt in ihrer Seele auf: eines aus der Zeit nach dem Mysterium von Golgota und eines aus der Zeit vor demselben, bevor sich ihr Bewusstsein so trübte, dass sie nicht mehr miterlebten, was sich da abspielte. Jetzt erkannten sie, dass die zwei Erlebnisse zusammengehören:

- das Erlebnis *mit dem Auferstandenen* und
- das Erlebnis, bei dem sie im Leib *mit dem Jesus* herumgewandelt waren.

Und sie sagten sich jetzt: Bevor wir so aufgewacht sind durch die Befruchtung mit der allwaltenden kosmischen Liebe, waren wir hinweggenommen von unserem normalen Bewusstseinszustand, und der Christus, der Auferstandene, war mit uns. Er hat uns ohne unser Wissen in sein Reich einbezogen. Nach dem Pfingstmysterium sind wir aber wissend in sein Reich einbezogen.

Das ist das, was man wie staunenerregend erlebt: das Zusammenfallen immer eines Bildes von dem Erleben dieser Apostel nach dem Mysterium von Golgota und eines Bildes, das sie normal wissend im Leib mit dem Jesus vor dem Mysterium von Golgota erlebt hatten.

Meine lieben Freunde! Wir haben den Anfang damit gemacht, mitzuteilen, was sich im Fünften Evangelium lesen lässt. Und ich darf am Ende dieser ersten Mitteilung, die ich heute zu machen hatte, vielleicht ein paar Worte zu Ihnen sprechen, die gegenwärtig neben der Tatsache ausgesprochen werden müssen, dass ich mich verpflichtet fühle, von diesen Dingen jetzt zu sprechen.

Dasjenige, was ich sagen möchte, ist das Folgende: Ich weiß wohl, dass wir gegenwärtig in einer solchen Zeit leben, in der sich mancherlei für die nächste Erdenzukunft der Menschheit vorbereitet und dass wir uns innerhalb unserer Theosophischen Gesellschaft als diejenigen fühlen müssen, denen eine Ahnung aufgeht, dass in der Gegenwart in den Seelen der Menschen etwas vorzubereiten ist, was vorbereitet werden muss.

Ich weiß, es werden Zeiten kommen, in denen man noch ganz anders, als es uns in unserer heutigen Zeit gestattet ist, in denen man noch ganz anders, viel genauer über diese Dinge wird sprechen können. Zeiten werden kommen, in denen manches von dem, was heute nur andeutungsweise erkannt werden kann in der geistigen Chronik des Werdens, viel genauer wird erkannt werden können. Solche Zeiten werden kommen, wenn sie auch der gegenwärtigen Menschheit unwahrscheinlich erscheinen.

Dennoch liegt aber die okkulte Verpflichtung vor, heute wie vorbereitend über diese Dinge zu sprechen. Und wenn es mich auch eine gewisse Überwindung kostet, über diese Dinge zu sprechen, so überwog doch die Verpflichtung gegenüber dem, was in der Gegenwart gesagt werden muss.

Fassen Sie das Wort «Überwindung», meine lieben Freunde, so auf, wie es ausgesprochen wird. Denn ich bitte Sie, dasjenige, was ich zu sagen habe bei dieser Gelegenheit, wie eine erste Andeutung zu den Wahrheiten aufzufassen, die in der Zukunft viel besser werden ausgesprochen werden können. Auch werden Sie das Wort Überwindung noch besser verstehen, wenn Sie mir gestatten, eine persönliche Bemerkung nicht zu unterdrücken.

Es ist mir klar, dass für die Geistesforschung gerade über diese Dinge manches außerordentlich schwierig und mühevoll ist, aus der geistigen Schrift der Welt herauszuholen. Und ich würde mich gar nicht wundern, wenn das Wort «Andeutung» eine noch viel tiefere Bedeutung hätte, denn ich will nicht sagen, dass ich heute schon imstande bin, alles das zu lesen, was sich in der geistigen Schrift der Welt lesen lässt, wie ich es Ihnen geschildert habe.

Denn ich habe mancherlei Schwierigkeit und Mühe, wenn ich gerade solche Bilder, die sich auf die Geheimnisse des Christentums beziehen, aus der Akasha-Chronik heraushole. Ich habe Mühe, solche Bilder zur Verdichtung zu bringen, und ich betrachte es als mein Karma, aus einer okkulten Verpflichtung heraus gerade über dieses zu Ihnen sprechen zu müssen.

Denn zweifellos würde ich weniger Mühe haben, diese Bilder zur Verdichtung zu bringen, wenn ich in der Lage gewesen wäre, in meiner ersten Jugend eine christliche Erziehung gehabt zu haben. Ich bin aber in einer vollständig freigeistigen Umgebung aufgewachsen und war umgeben von solchen Vorstellungen. Meine Erziehung war keine religiöse, sondern eine rein wissenschaftliche, und das macht mir eine gewisse Mühe, diese Dinge jetzt zu finden, von denen ich verpflichtet bin, zu Ihnen zu sprechen.

Von den Dingen, die von gegnerischer Seite verbreitet werden, dass ich mit gewissen katholischen Dingen zusammengewachsen wäre, ist kein Wort wahr. Ich bin gezwungen, nicht phrasenhaft über diese Dinge zu reden, sondern die Wahrheit darzustellen. Ich bin in meiner Jugend überhaupt nicht mit christlichen, noch weniger mit jesuitischen Impulsen zusammengekommen.

Aber auf der anderen Seite fühle ich mich umso unbefangener dem Christentum gegenüber, da ich nicht durch eine religiöse Erziehung, sondern durch den Geist zu dem Christus-Impuls geführt worden bin. Und aus dieser Tatsache heraus glaube ich, ein gewisses Recht zu haben, Anspruch auf Vorurteilslosigkeit auf diesem Gebiet zu machen. Und ich glaube wahrhaftig nicht, dass das Christentum etwas verlieren kann, wenn es in seinen tieferen Elementen dargestellt wird von einem Bewusstsein, das erst aus dem Geist selbst sich zu dem Christentum herangefunden hat.

Wenn Sie dieses Wort ernst nehmen, dann werden Sie ein Bewusstsein davon erhalten, was in mir selbst lebt, wenn ich Ihnen von diesen Geheimnissen des Fünften Evangeliums spreche.

Dritter Vortrag

Die neue Einweihung

Wie irdisches Leiden die Liebe gebiert

Oslo, 3. Oktober 1913

Meine lieben Freunde!

Wenn ich gestern davon gesprochen habe, dass diejenigen Persönlichkeiten, die man die Apostel des Christus Jesus nennt, eine Auferweckung erlebt haben zu dem Zeitpunkt, der im Pfingstfest sein Andenken hat, so ist damit nicht behauptet, dass dasjenige, wovon ich zu sprechen habe als von dem Fünften Evangelium, dass das gleich damals so, wie ich es jetzt erzähle, voll im Bewusstsein dieser Apostel war.

Wenn sich das hellsichtige Bewusstsein in die Seelen dieser Apostel vertieft, dann erkennt es diese Bilder in diesen Seelen. Aber im Bewusstsein der Apostel selbst lebte das damals weniger als Bild, sondern es lebte als unmittelbares Leben, als unmittelbares Gefühl und als Macht der Seele.

Dasjenige, was dann die Apostel haben sprechen können, wodurch sie in der damaligen Zeit die Menschen hingerissen haben, wodurch sie Anstoß gegeben haben zu dem, was wir die christliche Entwicklung nennen – das, was sie so als Macht der Seele und des Gemütes in sich trugen, das erblühte aus dem, was in ihrer Seele als lebendige Kraft des Fünften Evangeliums lebte.

Sie konnten so reden, wie sie redeten, sie konnten so wirken, wie sie wirkten, weil sie die Dinge, die wir jetzt als das Fünfte Evangelium entziffern, lebendig in ihren Seelen trugen – wenn sie auch diese Dinge nicht so erzählt hätten, wie man jetzt dieses Fünfte Evangelium erzählen kann.

Sie hatten bei ihrer Auferweckung die Befruchtung mit der allwaltenden Liebe empfangen, und unter dem Eindruck dieser Befruchtung wirkten sie weiter. Was in ihnen wirkte, war dasjenige, wozu der Christus geworden ist nach dem Mysterium von Golgota.

Und hier stehen wir an einem Punkt, wo wir im Sinne des Fünften Evangeliums über das *Erdenleben des Christus* sprechen müssen. Es ist für die Begriffe der Gegenwart nicht leicht, das in Worte zu fassen, um was es sich dabei handelt. Aber wir können uns mit mancherlei Begriffen und Ideen, die wir gewonnen haben durch unsere geisteswissenschaftlichen° Betrachtungen, diesem größten Erdengeheimnis nähern.

Wenn man das Christus-Wesen verstehen will, dann muss man manche Begriffe, die wir schon durch unsere geisteswissenschaftlichen° Auseinandersetzungen gewonnen haben, in umgewandelter Form auf dieses Christus-Wesen anwenden.

Gehen wir, um zu einiger Klarheit über das zu kommen, worum es sich handelt, von dem aus, was man die Johannes-Taufe im Jordan nennt. Sie stellt sich im Fünften Evangelium mit Bezug auf das Erdenleben des Christus wie etwas dar, was gleich einer Empfängnis bei einem Erdenmenschen ist.

Und das Leben des Christus dann bis zum Mysterium von Golgota verstehen wir, wenn wir es vergleichen mit dem Leben, das der Menschenkeim im Leib der Mutter durchmacht. Es ist also gewissermaßen ein Keimesleben des Christus-Wesens, das dieses Wesen durchmacht von der Johannes-Taufe bis zum Mysterium von Golgota.

Das Mysterium von Golgota selbst müssen wir dann als irdische Geburt verstehen, den Tod des Christus müssen wir als irdische Geburt verstehen. Und das Erdenleben des Christus ist nach dem Mysterium von Golgota, da der Christus, wie gestern angedeutet worden ist, seinen Umgang gehabt hat mit den Aposteln, als sie in einem anderen Bewusstseinszustand waren. Das war das Leben, das auf die Geburt des Christus-Wesens folgte.

Dasjenige, was als Himmelfahrt bezeichnet wird, und die darauf folgende Ausgießung des Geistes müssen wir bei dem Christus-Wesen als dasjenige auffassen, was wir beim menschlichen Tod als das Eingehen in die geistigen Gebiete anzusehen gewohnt sind.

Und das Weiterleben des Christus in der Erdensphäre seit der Himmelfahrt und dem Pfingstfest müssen wir vergleichen mit dem, was die Menschenseele durchlebt, wenn sie im Geisterland ist.

Also Sie sehen, meine lieben Freunde, dass wir im Christus-Wesen ein solches Wesen vor uns haben, gegenüber dem wir alle Begriffe, die wir uns sonst über die aufeinanderfolgenden Zustände des menschlichen Lebens angeeignet haben, vollständig umwandeln müssen.

Der Mensch geht nach der kurzen Zwischenzeit, nach der Läuterungszeit, die man Kamaloka nennt, in die geistige Sphäre über, um sich dort für einen neuen Lebenszustand vorzubereiten. Der Mensch durchlebt nach dem Tod ein geistiges Leben, das Christus-Wesen erlebt nach dem Pfingstfest das Aufgehen in die Erdensphäre. Statt eines geistigen Gebietes, wie es der Mensch nach dem Tod kennenlernt, brachte das Christus-Wesen das Opfer, seinen Himmel auf der Erde aufzuschlagen, ihn auf der Erde zu suchen.

- Die *Menschen* verlassen die *Erde,* um diesen ihren Wohnplatz *mit dem Himmel* zu vertauschen;
- der *Christus* verließ den *Himmel,* um diesen seinen Wohnplatz *mit der Erde* zu vertauschen.

Das, meine lieben Freunde, bitte ich Sie, in rechtem Licht sich anzuschauen und daran das Gefühl zu knüpfen, was durch das Mysterium von Golgota geschehen ist, was geschehen ist durch das Christus-Wesen, worin das Opfer dieses Christus-Wesens bestand: im Verlassen der geistigen Sphäre, um mit der Erde, mit den Menschen zu leben, um die menschliche Entwicklung auf der Erde durch seinen Impuls weiter zu führen.

Das bedeutet, dass vor der Johannes-Taufe im Jordan dieses Wesen nicht der Erdensphäre angehörte sondern der überirdischen Sphäre. Es ist aus dieser in die Erdensphäre hineingewandert, und dasjenige, was zwischen der Johannes-Taufe und dem Pfingstfest erlebt wurde, das musste erlebt werden wie die Umwandlung des himmlischen Wesens des Christus in das irdische Wesen des Christus.

Es ist unendlich viel getan, wenn man das Geheimnis durchdringt, das hier vorliegt und das mit den Worten ausgesprochen wird: Seit dem Pfingstereignis ist das Christus-Wesen bei den Menschenseelen auf der Erde. Vorher war es nicht bei den Menschenseelen auf der Erde.

Und dasjenige, was dieses Wesen durchgemacht hat zwischen der Johannes-Taufe und dem Pfingstereignis, das ist geschehen, damit der Wohnsitz eines Gottes in der geistigen Welt vertauscht werden konnte mit seinem Wohnsitz in der irdischen Sphäre. Das ist geschehen, damit das göttlich-geistige Christus-Wesen die Gestalt annehmen konnte, die für dasselbe notwendig war, um mit den Menschenseelen fortan Gemeinschaft zu haben. Das Ereignis von

Palästina ist vollzogen worden, damit ein göttliches Wesen jene Gestalt annehmen konnte, die es auf der Erde brauchte, um mit den Menschen Gemeinschaft zu haben.

Damit ist zugleich gesagt, dass dieses Ereignis von Palästina ein einzigartiges ist: das Herabsteigen eines vorher nicht irdischen Wesens in die Erdensphäre und das Verbleiben dieses nicht irdischen Wesens in der Erdensphäre, bis unter seinem Einfluss die Erdensphäre ihre entsprechende Umwandlung erfahren haben wird.

Wollen wir nun das Pfingstereignis im Sinne des Fünften Evangeliums vollständig verstehen, so müssen wir einige Begriffe zu Hilfe nehmen, die wir in der Geisteswissenschaft° herausgearbeitet haben.

Da haben wir gehört: In den alten Zeiten gab es Mysterien, Einweihungsstätten. Durch diese ist die Menschenseele zur Teilnahme am geistigen Leben hinaufgestiegen. Am anschaulichsten wird das alte vorchristliche Mysterienwesen, wenn man die persische oder *Mithras-Einweihung* ins Auge fasst.

Da gab es sieben Stufen der Einweihung. Da wurde derjenige, der hinaufgeführt werden sollte in die höheren Stufen des geistigen Lebens, da wurde er zuerst dasjenige, was man symbolisch einen «Raben» nannte. Dann wurde er ein «Okkulter» oder ein «Verborgener», dann wurde er ein «Streiter», dann ein «Löwe» genannt. Im fünften Grad trug er den Namen des Volkes, dem er angehörte. Im sechsten

Grad wurde er dann ein «Sonnenheld» und im siebten Grad ein «Vater».

Für die vier ersten Grade genügt es, wenn wir sagen, dass der Mensch durch sie allmählich immer tiefer in das geistige Leben hineingeführt wurde. Im fünften Grad erlangte der Mensch die Fähigkeit, ein erweitertes Bewusstsein zu haben, sodass ihm dieses die Fähigkeit gab, der geistige Behüter des ganzen Volkes zu werden, dem er angehörte. Deshalb trug er auch den Namen des betreffenden Volkes.

Wenn jemand in diesen alten Mysterien in den fünften Grad eingeweiht war, dann hatte er in seiner Seele eine bestimmte Art der Teilnahme am geistigen Leben.

Wir wissen, dass die einzelnen Menschenseelen von denen geführt werden, die wir in der Hierarchie der geistigen Wesen Engel nennen, während ein ganzes Volk von den geistigen Wesen geführt wird, die wir Erzengel nennen. In dieselbe Sphäre, in der die Erzengel leben, wurde der in den fünften Grad Eingeweihte hinaufgehoben, sodass er an deren Leben teilnahm. Man brauchte im Kosmos solche Eingeweihten des fünften Grades, daher gab es auf der Erde eine Einweihung in diesen fünften Grad.

Wenn solch eine Persönlichkeit in den Mysterien in den fünften Grad eingeweiht wurde, all die inneren Seelenerlebnisse durchmachte und den Seeleninhalt bekam, der dem fünften Grad entspricht, dann blickte der Erzengel des betreffenden Volkes, dem diese Persönlichkeit angehörte, hinab auf diese Seele und las in dieser – wie wir in einem Buch lesen, das uns gewisse Dinge mitteilt, die wir wissen müssen, damit wir gewisse Taten vollbringen können.

Was ein Volk braucht, das lesen die Erzengel in der Seele desjenigen, der in den fünften Grad eingeweiht ist. Man muss, damit die Erzengel in der richtigen Weise ein Volk führen können, auf der Erde Eingeweihte des fünften Grades haben. Diese Eingeweihten des fünften Grades sind also die Vermittler zwischen den Volksführern, den Erzengeln, und dem Volk selbst. Sie tragen hinauf in die Sphäre der Erzengel dasjenige, was dort gebraucht wird, damit das Volk in der richtigen Weise geführt werden kann.

Wie konnte dieser fünfte Grad erlangt werden in den alten, vorchristlichen Mysterien? Nicht konnte er erlangt werden, wenn die Seele des Menschen im Leib blieb. Sie musste aus dem Leib herausgeholt werden. Die Einweihung bestand in diesem Herausholen der Seele.

Und außerhalb des Leibes machte dann die Seele dasjenige durch, was ihr den Inhalt gab, von dem ich gesprochen habe. Die Seele musste die Erde verlassen, musste in die geistige Welt hinaufsteigen, um dasjenige zu erreichen, was sie erreichen sollte.

Wenn nun der sechste Grad der alten Einweihung erreicht wurde, der Grad des «Sonnenhelden», dann wurde in der Seele eines solchen Sonnenhelden dasjenige rege gemacht, was nicht nur zur obersten Führung und Leitung eines Volkes notwendig ist, sondern was höher ist als ein Volk.

Wenn wir den Blick auf die Entwicklung der Menschheit auf der Erde hinlenken, da sehen wir, wie Volk nach Volk entsteht und wiederum verschwindet, wie Völker sich wie die einzelnen Menschen verwandeln, wie sie geboren werden und sterben. Aber was ein Volk geleistet hat, das muss fortbewahrt werden für die Entwicklung der ganzen Menschheit. Was sich in einem Volk abspielt, das geschieht nicht nur, damit das Schicksal dieses Volkes ablaufen kann, sondern es muss dasjenige, was es geleistet und erarbeitet hat, über das Volk hinaus weitergeführt werden.

Damit das geschehen konnte, waren notwendig Eingeweihte des sechsten Grades, die Sonnenhelden. Denn in dem, was in der Seele eines Sonnenhelden lebte, konnten Wesen der höheren Welten, die Zeitgeister, dasjenige lesen, was die Arbeit eines Volkes hinüberträgt in die Arbeit des ganzen Menschengeschlechts auf der Erde. Über die ganze Erde wurde hingetragen dasjenige, was im Sonnenhelden lebte.

So wie derjenige, der in den fünften Grad der alten Mysterien eingeweiht werden sollte, aus dem Leib hinausgehen musste, so musste auch derjenige, der ein Sonnenheld werden sollte, aus seinem Leib hinausgehen und während der Zeit, in der er außerhalb seines Leibes lebte, die Sonne zum Wohnplatz haben.

Der Sonnenheld lebte also mit dem ganzen Sonnensystem zusammen, die Sonne war sein Wohnplatz während der Zeit seiner Einweihung. Wie um uns, während wir hier auf der Erde sind, Berge und Flüsse sind, so waren um den Sonnenhelden herum während seiner Einweihung die Planeten des Sonnensystems. Entrückt von seiner irdischen Leiblichkeit, versetzt auf die Sonne musste der Sonnenheld sein. Das konnte er nur außerhalb seines Leibes erleben.

Und wenn er in seinen Leib zurückkehrte, dann erinnerte er sich an dasjenige, was er außerhalb seines Leibes erlebt hatte. Er konnte das als Wirkungskräfte für die Entwicklung der Menschheit verwenden. Hatten sich diese Sonnenhelden mit diesen Kräften erfüllt, dann traten sie wieder in ihren Leib zurück, und wenn sie wieder in ihren Leib zurückgekehrt waren, hatten sie die Kräfte in ihrer Seele, die die Arbeit eines Volkes in die Entwicklung der ganzen Menschheit hinaufführen.

Was lebte denn in der Seele der Sonnenhelden während der dreieinhalb Tage ihrer Einweihung?

Während sie nicht auf der Erde, sondern «auf der Sonne» wandelten, da erlebten sie die Gemeinsamkeit mit dem Christus, der vor dem Mysterium von Golgota nicht auf der Erde war. Alle Sonnenhelden waren so hinaufgegangen auf die Sonne, denn nur da konnten sie die Gemeinschaft mit dem Christus erleben.

Aus dieser Welt, in die die alten Eingeweihten hinaufsteigen mussten, ist der Christus auf die Erde herabgestiegen.

Dasjenige, was durch die ganze Prozedur der Einweihung in alten Zeiten nur für einzelne Menschen hat erreicht werden können, das wurde in den Pfingsttagen wie durch ein naturgemäßes Ereignis für die Apostel erreicht. Während früher die Menschenseelen hinaufsteigen mussten zum Christus, war dieser jetzt zu den Aposteln herabgestiegen. Sie waren solche Seelen geworden, die in sich einen solchen Inhalt trugen, wie ihn die alten Sonnenhelden in ihrer Seele trugen. Die geistige Kraft der Sonne hatte sich ausgegossen über die Seelen dieser Menschen und wirkte fortan weiter in diesen Seelen.

Damit dies geschehen konnte, damit das Wirken einer ganz neuen Kraft auf die Erde kommen konnte, musste das Ereignis von Palästina, musste das *Mysterium von Golgota* sich vollziehen. Aus dem tiefsten Leiden ist der Christus dem Erdensein erwachsen, einem Leiden, das über alle menschliche Vorstellungsfähigkeit vom Leiden hinausgeht.

Um an dieser Stelle die richtigen Begriffe zu bekommen, sind wiederum einige Widerstände des heutigen Bewusstseins hinwegzubringen. Vor Kurzem ist ein Buch erschienen, das ich recht sehr zur Lektüre empfehlen möchte, weil es von einem geistreichen Mann herrührt und ein Beweis dafür ist, welch ein Unsinn von einem solchen über geistige Dinge ausgesprochen werden kann. Ich meine das Buch von Maeterlinck: *Vom Tode.* Da ist die Behauptung aufgestellt, dass der Mensch, wenn er gestorben ist, ein Geist geworden ist, und da kann er nicht mehr leiden, denn da hat er den physischen Leib abgelegt, da kann man nicht leiden, weil ein Geist kein Leiden empfinden kann.

Als ob Leiden an physische Stoffe und Kräfte gebunden wäre! Physische Stoffe und Kräfte leiden überhaupt nicht. Wenn diese leiden könnten, dann müsste auch der Stein leiden können. Was allein leidet, ist nicht der Körper, sondern der Geist, das Seelische. Es ist heute so weit gekommen, dass die Menschen das Gegenteil von dem denken, was Sinn hat.

Wer der Meinung ist, dass ein Geist wie der Christus-Geist, der auf die Erde herabgekommen ist, nicht leiden kann, der wird auch nicht die richtige Vorstellung von dem *unendlichen Leiden* bekommen, das der Christus-Geist durchgemacht hat während der Tage von Palästina.

Bevor ich aber von diesem Leiden spreche, muss ich Sie, meine lieben Freunde, auf etwas anderes aufmerksam machen. Wir müssen ins Auge fassen, dass mit der Johannes-Taufe im Jordan ein Gott auf die Erde herabgekommen ist, drei Jahre in einem irdischen Leib gelebt hat und in diesem den Tod durchgemacht hat – ein Gott also, der vor dieser Johannes-Taufe in ganz anderen als irdischen Verhältnissen gelebt hat. Was heißt das?

Geisteswissenschaftlich° gesprochen heißt das: Dieser Gott hat *kein irdisches Karma* gehabt. Bedenken wir, was das bedeutet.

In dem Leib des Jesus von Nazareth lebt drei Jahre lang ein Gott, der eine Laufbahn auf der Erde durchmacht, ohne irdisches Karma in seiner Seele zu haben. Damit gewinnen alle irdischen Erfahrungen und Erlebnisse, die der Christus durchgemacht hat, eine ganz andere Bedeutung als die Erlebnisse, die andere Wesen durchmachen.

Wenn wir leiden, wenn wir diese oder jene Erfahrung machen, dann wissen wir, dass das in unserem Karma begründet ist. Für den Christus-Geist aber ist es nicht so. Er hatte eine dreijährige Erfahrung auf der Erde durchzumachen ohne Karma. Es war also im karmischen Sinne ein wahrhaft «unverdientes», ein «unschuldiges» Leid, das er trug.

Das Fünfte Evangelium ist ein geisteswissenschaftliches° Evangelium, und es zeigt uns das einzige dreijährige Erdenleben, auf das der Begriff von Karma in menschlichem Sinne nicht anwendbar ist. Aber die weitere Betrachtung dieses Fünften Evangeliums lehrt uns noch etwas anderes.

Dieses dreijährige Leben auf der Erde, das wir betrachtet haben wie ein embryonales Leben, das erzeugt auch kein Karma. Der Christus lud keine Schuld auf sich. Es wird also ein dreijähriges Leben gelebt, das auch kein Karma erzeugt.

Man muss alle diese Begriffe und Ideen, die man damit empfängt, in ganz tiefe Seelengründe aufnehmen, und man wird dann mancherlei aufnehmen für das Verständnis dieses außerordentlichen Ereignisses von Palästina, das sonst unerklärlich bleibt. Vieles muss man zusammentragen zu seinem Verständnis – was es alles hervorgerufen hat an sich widersprechenden Erklärungen, in welcher Weise es missverstanden worden ist, und dennoch Impuls auf Impuls innerhalb der menschlichen Entwicklung bewirkt hat.

Man nimmt diese Dinge nicht immer in ihrer tiefen Bedeutung. Man wird über diese Dinge einmal ganz anders reden, wenn man das in seiner ungeheuren Tiefe einsehen wird, was hier angedeutet wird, indem gesprochen wird davon, dass wir hier ein dreijähriges Erdenleben vor uns haben, ohne dass Karma erzeugt wird.

Vielleicht werden manche von Ihnen etwas gehört haben von dem 1863 erschienenen Buch von Ernest Renan: *Das Leben Jesu.* Man liest dieses Buch, ohne auf das Signifikanteste desselben immer Rücksicht zu nehmen. Vielleicht wird sich die zukünftige Menschheit einmal wundern, dass unzählige Menschen dieses Buch gelesen haben, ohne ein Gefühl zu haben für das Sonderbare, Merkwürdige dieser Darstellung über das Leben Jesu.

Da finden wir eine erhabene Darstellung auf manchen Seiten und dann wiederum Stellen wie aus einem Hintertreppenroman. Schöne, glänzende Darstellung wechselt ab mit richtiger Hintertreppendarstellung. Das wird man später einmal sehr sonderbar finden. Lesen Sie, was Ernest Renan aus dem Christus macht, der für ihn natürlich nur der «Jesus» ist. Er macht einen Helden aus ihm, der zuerst ganz gute Absichten hat, der ein großer Wohltäter der Menschheit ist, der aber dann mitgerissen wird von der Volksbegeisterung und von Stufe zu Stufe absinkt. In großem, phänomenalem Stil wendet er auf den Christus an, was wir in etwas kleinerem Stil oftmals auf uns angewendet finden.

Denn es kommt vor, dass Leute, wenn sich etwas von der geisteswissenschaftlichen° Bewegung ausbreitet, sagen: Ja, anfangs hatte dieser oder jener eine ganz gute Absicht, dann aber wurde er von Stufe zu Stufe getrieben und behandelt zuletzt nur noch das, was die Menschen ganz gern hören. So behandelt Ernest Renan das Christus-Wesen.

Da schreibt er zum Beispiel von der Lazarus-Auferweckung wie von einer Art Betrug, den der Jesus hat geschehen lassen, damit ein gutes Agitationsmittel da sei. Er entblödet sich nicht, ihn in eine Art Rage, Leidenschaft hineinzuführen, ihn den Volksinstinkten verfallen zu lassen. Dadurch ist ein Hintertreppenromanhaftes in die sonst glänzende Darstellung dieses Buches hineingekommen. Ein gesundes Gefühl müsste zurückschrecken vor solcher Schilderung. Aber das Merkwürdige ist: Ernest Renan fühlt sich gar nicht abgestoßen von dieser Persönlichkeit, die er in dieser sonderbaren Weise schildert, sondern er hat schöne, hinreißende Worte für diese Persönlichkeit.

Wirklich kurios, aber ein Beispiel dafür, wie die Hinneigung der menschlichen Seele zum Christus ist, ganz unabhängig davon, ob sie Verständnis hat für den Christus oder nicht! Es kann so weit gehen, dass die Menschen seine Erhabenheit in sein Gegenteil verkehren und sich über dies Gegenteil in glänzenden, hinreißenden Worten ausdrücken.

Solche Dinge sind nur möglich einem Wesen gegenüber, das in die Erdentwicklung so eingreift, wie das Christus-Wesen in die Erdentwicklung eingegriffen hat. Es wäre viel Karma erzeugt worden während dieser dreijährigen Zeit seines Lebens auf der Erde, wenn der Christus so gelebt hätte, wie Ernest Renan es geschildert hat. Aber ohne dass ein Karma gemacht worden ist, ist dieses Leben verlaufen. Das ist das Merkwürdige, das das Fünfte Evangelium darüber zu sagen hat.

Es war also das Ereignis am Jordan, das wir als die Johannes-Taufe bezeichnen, etwas, was man vergleichen kann einer Empfängnis beim Erdenmenschen. Und das Fünfte Evangelium sagt, dass das Wort des Lukas-Evangeliums eine richtige Wiedergabe dessen ist, was damals hat gehört werden können, wenn ein entwickeltes hellsichtiges Bewusstsein den kosmischen Ausdruck dieses Geheimnisses gehört hätte, das sich vollzog: «Dieser ist mein, von meiner Liebe erfüllter Sohn. Heute habe ich ihn gezeugt.» Das sind die

Worte des Lukas-Evangeliums (3,22), die richtige Wiedergabe dessen, was geschehen ist. Die «Zeugung» des Christus für die Erdenmenschheit vollzieht sich in diesem Moment.

Wir werden noch davon zu sprechen haben, auf welche irdische Persönlichkeit sich herabgesenkt hat dieser Christus-Geist in der Johannes-Taufe. Heute wollen wir annehmen, dass sich das Christus-Wesen auf den Leib des Jesus von Nazareth herabgesenkt hat.

Nun sagt uns das Fünfte Evangelium, das heißt dasjenige, was wir durch den rückwärtsgewendeten hellsichtigen Blick lesen können, dass nicht vom ersten Augenblick an der Christus völlig im Leib des Jesus war, dass zuerst nur eine lose Verbindung da war, nicht so, wie bei einem gewöhnlichen Menschen die Verbindung mit der Seele ist, sodass diese im Leib wohnt, sondern es war so, dass jederzeit, wenn es nötig war, das Christus-Wesen den Leib des Jesus von Nazareth wieder verlassen konnte. Während dieser Leib irgendwo wie schlafend war, machte das Christus-Wesen den Weg da- oder dorthin, wo es gerade nötig war.

Das Fünfte Evangelium zeigt, dass nicht immer, wenn der Christus den Aposteln erschienen ist, auch der Leib des Jesus von Nazareth dabei war, sondern dass dieser oft irgendwo geblieben war und nur der Geist, der Christus-Geist, den Aposteln erschienen ist, aber so, dass sie diese geistige Erscheinung verwechselten mit dem Leib des Jesus von Nazareth.

Sie merkten nicht viel Unterschied. Einen gewissen Unterschied merkten sie wohl – in den vier anderen Evangelien tritt das aber nicht so sehr hervor, das Fünfte Evangelium sagt es uns –, aber dieser Unterschied war nicht so deutlich, dass sie immer gewusst haben: Jetzt haben wir den Christus als geistiges Wesen allein, oder: Jetzt haben wir ihn im Leib des Jesus von Nazareth vor uns. Sie wussten das nicht immer.

Sie hielten die Erscheinungen zumeist – sie dachten nicht viel darüber nach –, sie hielten sie für den Christus, soweit sie ihn aber im Leib des Jesus von Nazareth kannten.

Aber was sich nach und nach vollzog, war, dass durch das Sichbinden an diesen Leib des Jesus von Nazareth das Christus-Wesen als ätherisches Wesen immer ähnlicher wurde dem physischen Leib des Jesus von Nazareth. Da haben wir wiederum etwas anderes als bei dem gewöhnlichen Erdenmenschen.

Wenn wir diesen verstehen wollen, so sagen wir richtig: Er ist ein Mikrokosmos gegenüber dem Makrokosmos, er ist ein kleines Abbild des ganzen Makrokosmos, denn dasjenige, was sich im physischen Leib des Menschen ausdrückt, bildet den Makrokosmos ab.

Das Umgekehrte ist bei dem Christus-Wesen der Fall. Das makrokosmische Sonnenwesen formt sich nach der Gestalt des Mikrokosmos, drängt sich, presst sich zusammen in diesen Mikrokosmos, sodass es diesem immer ähnlicher wird. Es ist gerade das Umgekehrte als beim gewöhnlichen Menschen.

Am Anfang des Erdenlebens des Christus, gleich nach der Johannes-Taufe, da war die Verbindung des Christus mit diesem Leib noch am meisten lose. Da war das Christus-Wesen noch ganz außerhalb des Leibes des Jesus, da war dasjenige, was beim Herumwandeln auf der Erde als das Christus-Wesen wirkte, noch etwas ganz Überirdisches. Da vollzog dieses Wesen Heilungen, die mit keinen Menschenkräften zu vollziehen sind. Da sprach dieses Wesen zu den Menschen mit einer Eindringlichkeit, die eine göttliche Eindringlichkeit war.

Das Christus-Wesen aber fesselte sich selbst an diesen Leib, es machte sich dabei immer ähnlicher diesem Leib, immer mehr zog es sich zusammen in irdische Verhältnisse. Es machte das durch, dass immer mehr die göttlichen Kräfte hinschwanden, je ähnlicher es dem Leib des Jesus von Nazareth wurde.

Eine Entwicklung, die in gewisser Beziehung eine «absteigende» Entwicklung war, machte der Christus durch. Er sah seine Macht und Kräfte sich immer mehr verbrauchen im Ähnlicherwerden dem Leib des Jesus von Nazareth.

Aus dem Gott wurde nach und nach ein Mensch. Wie jemand, der unter unendlichen Qualen mehr und mehr seinen Leib dahinschwinden sieht, so sah das Christus-Wesen seinen göttlichen Inhalt schwinden, indem es als ätherisches Wesen immer ähnlicher dem irdischen Leib des Jesus von Nazareth wurde, bis es diesem so ähnlich geworden war, dass es Angst fühlen konnte wie ein Mensch – wie das die anderen Evangelien schildern –, beim Hinaufgehen auf den Ölberg, wo der Jesus den Angstschweiß auf der Stirn hat.

Das war die Vermenschlichung, das Immer-menschlicher-Werden des Christus: die Anähnlichung an den Leib des Jesus von Nazareth.

In demselben Maße, in dem dieses ätherische Christus-Wesen ähnlicher wurde dem Leib des Jesus von Nazareth, in demselben Maße wurde der Christus Mensch. Es schwanden ihm die geistigen Wunderkräfte des Gottes dahin.

Da sehen wir den ganzen «Passionsweg» des Christus-Wesens, der von jenem Augenblick bald nach der Johannes-Taufe begann, wo er die Kranken heilte und die Dämonen austrieb durch seine göttlichen Kräfte, wo die staunenden Menschen, die das sahen, was der Christus machte, sagten: Das hat noch nie ein Wesen auf der Erde vollbracht! Das war die Zeit, wo er noch wenig ähnlich war dem Leib des Jesus von Nazareth.

Und von diesem staunenden Aufsehen der ringsherum stehenden Bewunderer an vollzieht sich in den drei Jahren der Weg, wo dieses Christus-Wesen so ähnlich geworden ist dem Leib des Jesus von Nazareth, dass dieses

Christus-Wesen in dem siechen Leib des Jesus, dem es sich angeähnelt hatte, nicht mehr antworten konnte auf die Fragen des Herodes und des Kaiphas.

So ähnlich war der Christus auf der Erde dem zunehmend siechen Leib des Jesus geworden, dass er auf die Frage: Hast du es gesagt, dass du den Tempel abbrechen und in drei Tagen wieder aufbauen willst, dass er in dem morschen Leib, dem er sich angeähnelt hatte und den er nicht mehr benutzen konnte, stumm blieb vor Herodes, stumm blieb auf die Frage des Pilatus: Hast du dich den König der Juden genannt.

Das war der Passionsweg, den der Christus durchmachte während der Zeit seines Verweilens im Leib des Jesus von Nazareth. Und dieser Passionsweg führte ihn weiter, sodass bald darauf nicht mehr die staunende Menge um ihn stand, sondern vor dem Kreuz die Menge stand, die über die Ohnmacht des Gottes, der den Menschen ähnlich geworden war, mit den Worten spottete: Bist du ein Gott, so steige herab, hast du den Menschen geholfen, jetzt hilf dir selbst!

Das ist der Passionsweg: ein Weg unendlichen Leidens für den menschgewordenen Gott. Zu dem kam jenes Leiden über die Menschheit hinzu, die sich so weit gebracht hatte, wie sie zur Zeit des Mysteriums von Golgota war – nach den Andeutungen, die wir gestern gemacht haben.

Und dieses Schmerz-Erleiden, das gebar jenen Geist, der am Pfingstfest über die Apostel ausgegossen worden ist. Aus diesem Schmerz herausgeboren ist die allwaltende kosmische Liebe, die herabgestiegen ist mit der Johannes-Taufe aus der außerirdischen Sphäre in die irdische Sphäre hinein, die ähnlich geworden ist einem menschlichen Leib, die den Augenblick der höchsten Ohnmacht durchmachte, um jenen Impuls zu gebären, den wir als den Christus-Impuls in der weiteren Entwicklung der Menschheit kennen.

Das sind die Dinge, die wir ins Auge fassen müssen, wenn wir den tiefen Sinn und die ganze Bedeutung des Christus-Impulses verstehen wollen, wie er verstanden werden muss gegen die Zukunft der Menschheitsentwicklung hin, wie er verstanden werden muss von der Menschheit, um in ihren Kulturen auf ihrem Entwicklungspfad weiterzukommen.

Vierter Vortrag

Jesus von Nazareth

Die menschliche Sehnsucht nach Erlösung

Oslo, 5. Oktober 1913

Meine lieben Freunde!

Wenn ich nun darangehe, von dem zu sprechen, von dem als zum Fünften Evangelium gehörig heute gesprochen werden soll, so gibt dafür eine Beruhigung der Schluss des Johannes-Evangeliums. Da steht, dass in diesem Evangelium keinesfalls alle die Ereignisse aufgezeichnet sind, die geschehen sind um den Christus Jesus herum, denn hätte man alles aufzeichnen wollen, so hätte die Welt nicht genug Bücher aufweisen können. Das heißt, dass noch mancherlei geschehen ist außer dem, was in den vier anderen Evangelien über den Christus aufgeschrieben ist. Und davon werden wir zu sprechen haben.

Ich möchte heute mit Erzählungen aus dem *Leben des Jesus von Nazareth* beginnen, und zwar von jenem Augenblick seines Lebens an, auf den wir schon hingewiesen haben bei anderen Anlässen, wo kleinere Teile aus dem Fünften Evangelium mitgeteilt worden sind. Ungefähr vom

12. Lebensjahr des Jesus von Nazareth an möchte ich heute einiges erzählen.

Es war dies der Zeitpunkt, in dem das Ich des Zarathustra, das in dem einen der beiden Jesusknaben verkörpert war, die in der damaligen Zeit geboren sind, durch einen mystischen Akt in den anderen Jesusknaben hinübergegangen ist, der im Lukas-Evangelium geschildert wird, sodass wir in unserer Erzählung mit dem Jahr beginnen, in dem dieser Jesusknabe das Ich des Zarathustra in sich aufgenommen hat.

Wir wissen, dass im Evangelium dieser Augenblick im Leben des Jesus von Nazareth durch die Erzählung angedeutet wird, dass bei einer Reise nach Jerusalem der Jesusknabe «verlorengegangen» ist, und als er wiedergefunden wurde, da zeigte sich, dass er im Tempel zu Jerusalem unter den Schriftgelehrten weilte und Erstaunen bei diesen hervorrief durch die Antworten, die er gab.

Wir wissen, woher diese bedeutsamen, gewaltigen Antworten kamen. Sie kamen daher, dass das Ich des Zarathustra bei diesem Knaben jetzt auftauchte und aus der Tiefe und Überfülle der Erinnerungen heraus seine Weisheit aus dieser Seele wirkte, sodass dieser Jesusknabe damals all die überraschenden Antworten geben konnte.

Wir wissen auch, dass die beiden Familien durch den Tod des Vaters einerseits und der Mutter anderseits zusammenzogen und fortan *eine* Familie bildeten und dass der durch das Zarathustra-Ich befruchtete Jesus in dieser gemeinsamen Familie heranwuchs.

Es war ein ganz sonderbares, merkwürdiges Heranwachsen in den darauffolgenden Jahren. Die nächste Umgebung des jungen Jesus von Nazareth hatte eine große, gewaltige Meinung von ihm bekommen durch jenes Ereignis, wie er unter den Schriftgelehrten saß und jene gewaltigen Antworten gab. Sie sahen den kommenden Schriftgelehrten in ihm, der eine ganz besonders hohe Stufe der Schriftgelehrsamkeit einnehmen sollte. Mit großen, ungeheuren Hoffnungen trug sich seine Umgebung.

Man fing an, jedes Wort von ihm aufzufangen. Dabei aber wurde er, obwohl man förmlich danach jagte, jedes Wort aufzufangen, immer schweigsamer. So schweigsam wurde er, dass seine Schweigsamkeit seiner Umgebung oft im höchsten Grad unsympathisch war. Er aber kämpfte in seinem Inneren einen gewaltigen Kampf, der in dieses Innere zwischen dem 12. und 18. Jahr seines Lebens hineinfiel.

Es war in dieser Seele etwas wie ungeheure geistige Weisheitsschätze, wie wenn aufgeleuchtet hätte in ihr in Form der *jüdischen Gelehrsamkeit* die Sonne des einstigen Weisheitslichtes des Zarathustra.

Zunächst äußerte sich das so, dass dieser Knabe in der feinsten Weise den jüdischen Schriftgelehrten, die in das Haus kamen, wie durch eine ganz besondere Geistesgabe

Antwort über alles zu geben wusste. Wie ein Wunderkind staunten sie ihn an.

Dann aber wurde er immer schweigsamer und hörte nur noch dem zu, was die anderen sagten. Dabei gingen ihm immer große Ideen, große Sittensprüche, bedeutsame moralische Impulse im Inneren der eigenen Seele auf. Während er so schweigsam zuhörte, machte ihm das, was er von den sich im Haus versammelnden Schriftgelehrten hörte, einen Eindruck, der ihm oftmals Bitterkeit verursachte, da er das Gefühl hatte, dass vieles Unsichere, leicht zum Irrtum Neigende in dem sein musste, was sie sprachen und wie sie die alten Traditionen und die Schriften des Alten Testamentes auslegten.

Ganz besonders aber bedrückte es seine Seele, wenn er von diesen Schriftgelehrten hörte, dass in alten Zeiten der Geist über die Propheten gekommen sei, dass Gott selbst gesprochen habe zu diesen alten Propheten und dass jetzt diese Inspiration von dem nachgeborenen Geschlecht gewichen sei. Besonders aber bei einem horchte er immer tief auf, weil er fühlte, dass das bei ihm selbst war, wovon er jene Menschen sprechen hörte.

Es sagte sich der Jesus von Nazareth: Ja, jener hohe, jener gewaltige Geist, der über den Elias gekommen ist, der spricht nicht mehr. Aber was noch wie eine Inspiration aus geistigen Höhen spricht, das ist eine schwächere Stimme, die mancher noch zu vernehmen glaubt, wie wenn sich der

Gott Jahve selbst durch sie offenbarte. *Bath-Qol* (בת־קול: «Tochter der Stimme»), so nannte man jene inspirierende Stimme, eine Art Stimme der Eingebung schwächerer, minderer Art als bei den alten Propheten, aber noch ganz ähnlich dem, wie sich der Geist den Propheten offenbarte.

So sprach man damals im Haus des Jesus von Nazareth von jener Bath-Qol, von der später der jüdische Talmud viel erzählt.[1]

---

1 Vgl. *Der babylonische Talmud mit Einschluss der vollständigen Mišnah,* von Lazarus Goldschmidt, Siebenter Band, Berlin 1903, S. 34-35 (Synhedrin I, I-VI: Fol. 11a): «Die Rabbanan lehrten: Seitdem die letzten Propheten, Haggaj, Zekharja und Maleakhi, gestorben sind, wich die Prophetie von Jisraél, dennoch bedienten sie sich noch des [himmlischen] Widerhalls. Einst waren sie im Söller des Hauses des Ğorja in Jeriḫo, versammelt, da ertönte über ihnen ein Widerhall aus dem Himmel: Einer ist unter euch, der würdig ist, dass die Gottheit auf ihm ruhe, wie auf unserem Meister Mošeh, nur ist sein Zeitalter dessen nicht wert. Da richteten die Weisen ihre Augen auf Hillel den Aeltesten. Als er starb, sprachen sie über ihn: O Frommer, o Sanftmütiger, Schüler des Êzra.» In der Ausgabe 1930-1936 (Band VIII, S. 499) wird «des [himmlischen] Widerhalls» (Bath-Qol) in «der Hallstimme» abgeändert.

Als weitere Stelle sei angeführt: *Der babylonische Talmud mit Einschluss der vollstaendigen Misnah,* von Lazarus Goldschmidt, Erster Band, Berlin 1897, S. 4-5 (Berakhoth I, I: Fol. 30a): «Er sprach ferner zu mir: ‹Mein Sohn, was sagte[5] die Stimme, die du in dieser Ruine gehört?› Ich erwiderte ihm, ich hörte den Wiederhall einer Stimme[6] [בת־קול], die wie eine Taube girrte und sprach: ‹Wehe, dass ich mein Haus zerstört, meinen Tempel verbrannt und meine Kinder unter die Völker verbannt habe.› Darauf sprach er zu mir: ‹Bei deinem Leben, beim Leben deines Hauptes: nicht allein zu dieser Stunde spricht sie so, sondern dreimal an jedem Tag (spricht sie so).» Unter Fußnote [6] heißt es: «[hebr.: Bath-Qol] wird verschiedenartig erklärt.»

Eine Erläuterung zum Begriff Bath-Qol findet sich in: *Das Evangelium nach Matthäus erläutert aus Talmud und Midrasch* von H. L. Strack u. P. Billerbeck, München 1922, S. 125: «[Matthäus] 3,17A: Eine

Da wird erzählt: Es war einstmals – aber das war in späterer Zeit, nach der Entstehung des Christentums –, ein Streit ausgebrochen zwischen zwei Rabbinerschulen. Da behauptete der eine, der Rabbi Eliezer ben Hirkanus, eine Lehre, und er führte zum Beweis derselben an, wie der Talmud auch erzählt,[2] dass er Wunder wirken könne. Er ließ

Stimme vom Himmel her sprach. … ‹Tochter der Stimme›, wird von den Tosaphisten zu Sanh 11[a] also erklärt: Man hörte nicht die Stimme, die vom Himmel ausging, sondern aus dieser Stimme ging eine andre Stimme hervor; wie wenn ein Mensch mit Gewalt einen Schlag ausführt u. man hört einen zweiten Ton, der in der Ferne aus ihm (dem Schlag) hervorging. Eine solche Stimme hörte man; deshalb nannte man sie ‹Tochter der Stimme›. – Hiernach ist die Bath-Qol gedacht als der Widerhall (Echo),[a] der von einer Gottesstimme im Himmel ausgeht u. auf der Erde gehört wird. – Nachdem die prophet. Begabung mit den letzten Propheten in Israel aufgehört hat, ist man auf die Bath-Qol angewiesen.[b]» Unter [b] heißt es: «TSoṭa 13, 2 (318): Als Haggai, Sacharja u. Maleachi, die letzten Propheten, gestorben waren, schwand der heilige Geist (Geist der Prophetie) aus Israel; gleichwohl, ließ man (= Gott) sie die Bath-Qol hören. Parallelstellen: pSoṭa 9, 13 (24[b], 21); als Bar Soṭa 48[b]; Sanh 11[a]; Joma 9[b]; Midr HL zu 8, 9 f. (132[b]). – Das Fehlen des prophet. Geistes in Israel wird etlichemal … auf die Unwürdigkeit des jeweiligen Geschlechts zurückgeführt.»

2 S. *Der Babylonische Talmud in seinen Haggadischen Bestandtheilen,* wortgetreu übersetzt und durch Noten erläutert von Dr. Theol. et Phil. Aug. Wünsche. Zweiter Halbband. 1. Abtheilung. Leipzig 1887, (II. Tractat Baba Mezia, 50. [Fol. 59ab.], S. 74-75): «Es ist überliefert worden: An diesem Tage machte R. Elieser Einwendungen in der Welt (d. h. alle möglichen Einwendungen), man nahm sie aber nicht von ihm an. Darauf sprach er zu ihnen: Wenn die Regel (Halacha) so ist, wie ich gelehrt habe, so mag dieser Johannisbrotbaum entscheiden. Da wurde der Johannisbrotbaum hundert Ellen von seinem Orte fortgerückt. Nach einigen waren es 400 Ellen. Sie (die Gelehrten) sprachen zu ihm: Man bringt keinen Beweis vom Johannisbrotbaum. Darauf sprach er abermals zu ihnen: Wenn die Regel so ist, wie ich gelehrt habe, so mag dieser Wasserkanal entscheiden. Da ging der Wasserkanal rückwärts. Sie sprachen aber zu

einen Charubbaum aus der Erde heraus sich erheben und hundert Ellen weiter in die Erde wieder einsenken, dann leitete er einen Fluss rückwärts, und als Drittes berief er sich auf die Stimme der Bath-Qol als Offenbarung, die er vom Himmel selbst erhalte.

Aber die Gegnerschule des Rabbi Joshua glaubte dieser Lehre nicht und erwiderte: Mag auch der Rabbi Eliezer zur Bekräftigung seiner Lehre einen Charubbaum von einem

---

ihm: Man bringt keinen Beweis von einem Wasserkanal. Darauf sprach er wiederum zu ihnen: Wenn das Gesetz so ist, wie ich lehre, so mögen die Wände des Lehrhauses entscheiden. Da neigten sich die Wände des Lehrhauses, um einzustürzen. Da fuhr R. Josua sie an und sprach zu ihnen: Wenn die Schüler der Weisen (die Gelehrten) miteinander wegen der Regel (Halacha) kämpfen, was kümmert es euch? Da stürzten sie wegen der Ehre des R. Josua nicht ein, sie richtet sich aber auch nicht wieder auf wegen der Ehre des R. Elieser. So stehen sie noch geneigt. Darauf sprach er wiederum zu ihnen: Wenn die Regel (Halacha) so ist, wie ich lehre, so mag vom Himmel die Entscheidung kommen. Da liess eine Himmelsstimme [Bath-Qol] die Worte vernehmen: Was habt ihr mit R. Elieser zu schaffen, da die Regel (Halacha) doch stets so ist, wie er lehrt! Da stellte sich R. Josua auf seine Füsse und sprach mit Deut. 30, 12: ‹Sie ist nicht im Himmel!› Was heisst: ‹Sie ist nicht im Himmel?› Das will nach R. Jeremja sagen: Weil die Thora bereits vom Berge Sinai gegeben worden ist, so achten wir nicht mehr auf eine Himmelsstimme, da bereits vom Berge Sinai her in der Thora geschrieben steht Ex. 23, 2: ‹Nach der Mehrzahl muss man sich richten.› R. Nathan traf Elia, er fragte ihn: Was machte der Heilige, gebenedeiet sei er! zu derselben Stunde? Er antwortete: Er lachte und sprach: Meine Kinder haben mich besiegt! meine Kinder haben mich besiegt! Es geht die Sage: An diesem Tage brachte man alles Reine, was R. Elieser für rein erklärt hatte, und verbrannte es mit Feuer. Darauf wurde über ihn abgestimmt und man exkommunicirte ihn.»

In der Übersetzung von Lazarus Goldschmidt: *Der Babylonsiche Talmud* (Wissenschaftliche Buchgesellschaft 1996) befindet sich dieser Passus im Band VII, S. 637-638.

Ort zum anderen versetzen, mag er Flüsse rückwärts laufen lassen, mag er sich auf die große Bath-Qol berufen – es steht geschrieben im Gesetz, dass die ewigen Gesetze in des Menschen Mund und Herz gelegt sein müssen. Wenn der Rabbi Eliezer uns von seiner Lehre überzeugen will, so darf er sich nicht auf die Bath-Qol berufen, sondern er muss uns durch das überzeugen, was des Menschen Herz fassen kann.

Aus diesem Talmudwort erkennen wir, dass unter den hebräischen Gelehrten eine Erkenntnis durchkam, dass die Blütezeit der Bath-Qol abgelaufen war. Aber diese Bath-Qol hatte unter gewissen Rabbinern und Schriftgelehrten geblüht. Während im Haus des Jesus von Nazareth die versammelten Schriftgelehrten von dieser inspirierenden Stimme der Bath-Qol sprachen und der junge Jesus das hörte, da fühlte er in sich selbst die Inspiration durch die Bath-Qol.

Das war das Merkwürdige, dass durch die Befruchtung dieser Seele durch das Ich des Zarathustra der junge Jesus fähig wurde, rasch alles aufzunehmen, was die anderen um ihn her wussten. Aber er konnte jetzt nicht nur die bekannt gewordenen, durch ihre Weisheit alle überraschenden Antworten geben, sondern er konnte jetzt auch die Bath-Qol in der eigenen Brust vernehmen.

Aber gerade dieser Umstand wirkte so, als er 16-17 Jahre alt war und er oftmals diese offenbarende Stimme der

Bath-Qol fühlte, dieser Umstand wirkte so, dass er dadurch in bittere Seelenkämpfe geführt wurde.

Denn er glaubte aus den Offenbarungen dieser Bath-Qol zu vernehmen, dass nicht mehr fern wäre der Zeitpunkt, dass im Fortgang der Strömung des Alten Testamentes dieser Geist nicht mehr sprechen würde zu den jüdischen Lehrern, wie er früher zu ihnen gesprochen hatte. Eines Tages glaubte er, dass die Bath-Qol ihm offenbarte: Ich reiche jetzt nicht mehr hinauf bis zu den Höhen des Geistes, aus denen ich während des Fortganges des jüdischen Volksgeistes entnehmen konnte die Kraft, durch die er geleitet und geführt wurde.

Das war ein furchtbarer Eindruck, den die Seele des jungen Jesus empfing, als sich die Bath-Qol für unfähig erklärte, die Fortsetzung der alten Offenbarungen des Judentums zu sein.

So glaubte Jesus von Nazareth in seinem 16./17. Lebensjahr, dass ihm aller Boden unter den Füßen entzogen war. Und er hatte manchen Tag, an dem er sich sagte: Alle die Seelenkräfte, mit denen ich glaubte, begnadet zu sein, sie bringen mich dazu, zu glauben, dass in der Substanz des Volkes, dem ich angehöre, kein Vermögen mehr ist, zum offenbarenden Gott hinaufzusteigen.

Versetzen wir uns in die Seele des jungen Jesus von Nazareth hinein, der in seiner Seele solche Erfahrungen machte. Es war das in derselben Zeit, in der er, teilweise durch sein Handwerk, teilweise durch andere Umstände veranlasst, viele Reisen machte. Da lernte er manchen Ort Palästinas und auch außerhalb Palästinas kennen.

Nun verbreitete sich in jener Zeit über die Gegenden Vorderasiens, auch über Südeuropa hin, ein asiatischer Kultus, der aus mancherlei zusammengemischt war, aber hauptsächlich eine Art Mithras-Dienst darstellte. An manchen Orten hatte er mehr Ähnlichkeit mit dem Attis-Dienst, aber im Ganzen war er mehr eine Art Mithras-Dienst. Überall errichtete man Tempel und Kultstätten, in denen man Opfer verrichtete. Es war *altes Heidentum,* aber durchdrungen von den Gebräuchen und Zeremonien des Mithras- und Attis-Dienstes.

Wie sehr sich das auch über die italienische Halbinsel verbreitete, das geht daraus hervor, dass die Peterskirche in Rom auf derselben Stelle steht, auf der eine solche alte Kultstätte war. Sogar der Zeremoniendienst in der Peterskirche ist in Bezug auf seine äußere Form nicht unähnlich dem Kultus des alten Attis-Dienstes, der in dem Tempel verrichtet wurde, der damals auf derselben Stelle stand. Was an solchen Kultstätten vorhanden war, mitten unter anderen Kultstätten, was überhaupt an heidnischen Opferstätten vorhanden war, das lernte Jesus von Nazareth kennen, als er herumzuwandern begann.

So lernte er durch physisches Anschauen die Seelen der Heiden auf diese Weise kennen. Es war in seiner Seele dasjenige damals in hohem Grad ausgebildet, was sich in ihm auf natürliche Weise entwickeln musste durch den gewaltigen Vorgang des Übergehens des Zarathustra-Ich in seine Seele als hohe, hellsichtige Kraft. Daher erlebte er, wenn er solchen Kulten zuschaute, etwas ganz anderes als die anderen Zuschauer.

Manches erschütternde Erlebnis hatte er da an manchem Heidenaltar, wenn damals der Heidenpriester oder der Eingeweihte die betreffende Kulthandlung verrichtete. Wenn er sie anschaute mit seinen hellsichtigen Kräften, so sah er, wie durch die Opferhandlung allerlei Dämonen angezogen wurden, ja er sah, wie manches Götzenbild nicht ein Abbild von guten Geistern der höheren Hierarchien war, sondern von bösen, dämonischen Mächten. Und er machte die Entdeckung, dass diese bösen, dämonischen Mächte dann vielfach auf die Gläubigen übergingen, die an solchen Kulthandlungen teilnahmen.

Aus begreiflichen Gründen sind diese Dinge nicht in die anderen Evangelien übergegangen. Es ist jetzt erst möglich, über diese Dinge zu sprechen, weil die Menschenseele erst in unserer Zeit ein Verständnis haben kann für diese Dinge und zugleich für die ungeheuer tiefen, gewaltigen Erlebnisse, die sich in dem jungen Jesus abspielten, lange vor der Johannes-Taufe.

Diese Wanderungen dauerten fort bis ins 24. Lebensjahr hinein. Und es waren immer Bitternisse, die er in seiner

Seele fühlte, wenn er so das Walten der von Luzifer und Ahriman hervorgebrachten Dämonen sah, wenn er sah, wie es das Heidentum dahin gebracht hatte, nicht nur nicht mehr zu seinen Göttern hinzuschauen, sondern sogar in den Abbildern der Götter Götzenbilder der wilden, dämonischen Mächte zu haben, die angezogen wurden von diesen Kulthandlungen und die Menschen, die im guten Glauben daran teilnahmen, von sich besessen machten.

Das waren bittere Erfahrungen, die der Jesus machte. Diese Erfahrungen kamen zu einer Art Abschluss etwa in seinem 24. Lebensjahr. Da machte er *ein Erlebnis* durch, was sich wie ein unendlich schweres Erlebnis an das andere von der Enttäuschung durch die Bath-Qol anschloss.

Ich muss sagen, dass ich heute noch nicht in der Lage bin, anzugeben, an welchem Ort seiner Reisen dieses Erlebnis sich zugetragen hat. Die Szene selbst zu entziffern war mir möglich, allein es ist mir nicht möglich, den Ort anzugeben, wo sie sich zutrug. Es scheint mir aber, dass die Szene sich bei einer Wanderung außerhalb Palästinas zugetragen hat.

An einen Ort kam Jesus von Nazareth, wo eine heidnische Kultstätte war, an der einem bestimmten Gott geopfert wurde. Ringsherum um diesen Ort aber war ein trauriges, mit allerlei seelischen und bis ins Körperliche hinein gehenden Krankheiten behaftetes Volk. Die Priester hatten die Kultstätte verlassen und das Volk jammerte: Unsere

Priester haben uns verlassen, wir aber sind elend und krank, aussätzig und beladen, weil unsere Priester uns verlassen haben.

Und es jammerte den Jesus dieses Volk. Eine unendliche Liebe zu diesem Volk lebte in seiner Seele auf, und es muss von dieser unendlichen Liebe, die in seiner Seele lebte, das Volk ringsherum etwas gemerkt haben, das von seinen Priestern und, wie es glaubte, auch von seinem Gott verlassen war. Und nun entstand wie auf einen Schlag in den Herzen der Meisten dieses Volkes etwas, was dadurch zum Ausdruck kam, dass die Leute sagten, den Ausdruck unendlicher Liebe auf dem Antlitz des Jesus erkennend: Du bist der neue uns gesandte Priester! Und sie drängten ihn zum Opferaltar, damit er das Opfer verrichte und der Segen ihres Gottes wieder über sie komme.

Und während das geschah, dass er vom Volk an den Opferaltar gestellt wurde, fiel er hin wie tot. Seine Seele wurde wie entrückt aus seinem Leib. Und das Volk ringsherum, das glaubte, sein Gott sei wiedergekommen, sah das Furchtbare, dass derjenige, den es für seinen neuen, vom Himmel gesandten Priester hielt, wie tot hingefallen war.

Die entrückte Seele des Jesus von Nazareth aber fühlte sich erhoben in die geistigen Reiche. Sie fühlte sich in das Reich des Sonnendaseins hineinversetzt. Und jetzt hörte sie, wie aus der Sphäre des Sonnendaseins herausklingend, Worte, wie sie sie früher durch die Bath-Qol oftmals vernommen hatte. Aber jetzt war die Bath-Qol umgewandelt, war zu etwas völlig anderem geworden. Die Stimme kam von ganz anderer Richtung her. Und dasjenige, was Jesus jetzt vernahm, kann man, wenn man es in unsere Sprache übersetzt, in die Worte zusammenfassen, die ich zum ersten Mal mitteilen durfte, als wir vor Kurzem den Grundstein zu unserem Dornacher Bau legten.

Es gibt okkulte Verpflichtungen, und einer solchen okkulten Verpflichtung folgend hatte ich damals dasjenige mitzuteilen, was der Jesus von Nazareth durch die umgewandelte Stimme der Bath-Qol vernahm, als er am heidnischen Altar hingefallen war und seine Seele entrückt war. Und diese Worte lauten:

> Amen.
> Es walten die Übel,
> Zeugen sich lösender Ichheit.
> Von Andern erschuldete Selbstheitschuld
> Erlebet im täglichen Brote,
> In dem nicht waltet der Himmel Wille,
> In dem der Mensch sich schied von eurem Reich
> Und vergaß euren Namen,
> Ihr Väter in den Himmeln.

Nicht anders als so habe ich übersetzen können dasjenige, was wie die verwandelte Stimme der Bath-Qol von Jesus von Nazareth damals vernommen worden ist. Es waren diese Worte, die die Seele des Jesus von Nazareth zurückbrachten, als er aus der Betäubung wieder erwachte, in der er sich entrückt fühlte in jener Begebenheit, die ich eben erzählt habe.

Und als er wieder zu sich gekommen war und die Augen auf die Menge der Mühseligen und Beladenen richtete, da waren diese entflohen. Und er konnte seinen hellsichtigen Blick nur richten auf eine Schar von dämonischen Gewalten, von dämonischen Wesen, die alle mit diesen Menschen verbunden waren.

Das war der zweite bedeutsame Abschluss in den verschiedenen Perioden der Seelenentwicklung, die Jesus von Nazareth durchgemacht hat nach seinem 12. Lebensjahr.

Ja, meine lieben Freunde, Ereignisse, die durch ihr gemütvolles Wesen die Seele nur in selige Stimmung versetzen, die waren es nicht. Denn kennenlernen musste diese Seele die Abgründe der Menschennatur, schon bevor das Ereignis am Jordan eintreten sollte.

Und etwa in seinem 24. Lebensjahr kam der Jesus von Nazareth von der Reise zurück, als der Vater starb. Und als er nach Hause kam, hatte er in seiner Seele die Erinnerung an die dämonische Wirkung, die sich in manches hineingemischt hatte, was in den alten heidnischen Religionen lebte.

Wie es aber immer so ist, dass man gewisse Stufen der höheren Erkenntnis nur dadurch erreicht, dass man die

Abgründe des menschlichen Wesens kennenlernt, so war es auch für den Jesus von Nazareth.

Dadurch, dass er so unendlich tief in menschliches Elend hineingeschaut hatte an einer Stelle, die ich nicht weiß, wie ich gesagt habe, dadurch, dass er da die konzentrierte Schauung der geistigen Reiche erlebt hatte, dass er die umgewandelte Stimme der Bath-Qol vernommen hatte, dadurch war auch er wie umgewandelt. Da war seine Seele von der Weisheit wie von glühendem Eisen durchschauert, aber auch so hell gemacht, dass sie in die geistigen Reiche fortan schauen konnte.

So war er schon im 24. Lebensjahr mit dem ruhigen aber eindringenden Geistesseelenblick des tief in die Geheimnisse des Lebens hinein Schauenden behaftet, so wie niemand sonst damals auf der Erde, weil niemand vorher so wie er betrachten konnte, wie Elend auf der Erde sich steigern kann.

Zuerst hatte er gesehen, wie man den Boden unter den Füßen verlieren kann durch bloße Gelehrsamkeit. Dann hatte er erlebt, wie die alten Inspirationen verlorengingen. Dann hatte er gesehen, wie die Kult- und Opferhandlungen, anstatt die Menschen mit den Göttern in Verbindung zu bringen, allerlei dämonische Wesen herbeizauberten, die die Menschen von sich besessen machten und sie dadurch in seelische und körperliche Krankheiten und Elend aller Art hineinbrachten.

Es hatte keiner auf der Erde all diesen Jammer so tief geschaut wie dieser Jesus von Nazareth. Keiner konnte daher wie er jenes unendlich tiefe Gefühl in seiner Seele haben, das unablässig wie eine Frage vor seiner Seele stand: Wie kann der Verbreitung dieses Jammers auf der Erde Einhalt getan werden. So war er nicht nur ausgestattet mit dem Blick, mit dem Wissen des Weisen, sondern er war durch das Leben eingeweiht worden.

So kam er zurück in das Haus des Vaters, als dieser starb. Nun lernte er Menschen kennen, die in seiner Zeit zusammengetreten waren in einen Orden, der der Welt bekannt ist als der Essäerorden.

Die *Essäer* waren Menschen, die eine Art Geheimdienst und Geheimlehre pflegten an bestimmten Orten Palästinas. Es war ein strenger Orden. Derjenige, der dem Orden beitreten wollte, musste mindestens ein Jahr – die meisten mussten es länger –, ein strenges Probejahr ablegen. Der Aufnahmesuchende musste während dieser Probezeit durch seine Aufführung und Gesinnung, durch seinen Sinn für Gerechtigkeit, für Menschengleichheit, und durch Nichtachten menschlicher Güter zeigen, dass er würdig war, aufgenommen zu werden.

Wenn er dann aufgenommen wurde in den Orden, da gab es verschiedene Grade, durch die man aufstieg im Essäerorden. Das Leben in demselben verlief in strenger körperlicher Zucht. Durch gewisse Reinlichkeitsgesetze suchte man allen Unflat in körperlicher und geistiger Beziehung fortzuschaffen und sich einem heiligen, geistigen Leben zu nähern.

Die Entzifferung der Akasha-Chronik hat gezeigt, dass der Name «Essäer» zusammenhängt mit dem jüdischen Wort «Assim» – das bedeutet soviel wie Schaufel, Schäufelchen –, weil die Essäer als einziges symbolisches Zeichen ein kleines Schäufelchen als Abzeichen trugen.

Auch wurde in dieser symbolischen Gepflogenheit dasjenige ausgedrückt, was die Essäer wollten und anstrebten, dass sie keine Münzen bei sich trugen und nicht durch ein Tor gehen durften, das entweder bemalt war oder in dessen Nähe Bilder waren. Weil dieser Essäerorden in gewisser Weise äußerlich anerkannt war, hatte man in Jerusalem besondere Tore, unbemalte Tore für die Essäer gemacht, damit sie nach Jerusalem kommen konnten, denn kein Essäer durfte durch ein bemaltes Tor gehen, er hätte sonst wieder umkehren müssen.

Im Orden gab es alte Traditionen, über die die Essäer streng schwiegen. Sie durften lehren, aber keiner durfte etwas anderes als dasjenige lehren, was er innerhalb des Ordens selbst gelernt hatte. Jeder, der aufgenommen wurde, musste sein Vermögen dem Orden abgeben. Zur Zeit des Jesus von Nazareth waren vier- bis fünftausend Menschen von allen Orten der Welt zusammengekommen, die sich dem strengen Orden der Essäer widmeten.

Wenn sie ein Haus oder sonstige Güter hatten, wenn das auch weit entfernt war, so schenkten sie es dem Orden, sodass dieser viele kleine und größere Besitztümer hatte, überall zerstreut. Alles das war Gemeingut, keinem gehörte als Einzelnem etwas. Ein für unsere heutigen Begriffe besonders strenges Gebot war, dass ein Essäer alle bedürftigen Menschen unterstützen durfte, nur diejenigen nicht, die seiner eigenen Familie angehörten.

Im Ort Nazareth gab es eine Niederlassung der Essäer, die durch Schenkung an diesen Orden gekommen war. Sie stand in Verbindung mit dem Zentrum des Ordens und man bekam dort, von Nazareth aus, Kunde von jener tiefen Weisheit, die sich auf die Art, wie wir es betrachtet haben, in die Seele des Jesus von Nazareth gesenkt hatte. Unter den bedeutendsten, weisesten Essäern entstand eine gewisse Stimmung. Es hatte sich unter ihnen die prophetische Anschauung gebildet: Wenn die Welt ihren Fortgang nehmen soll, dann muss ihr eine Art «Messias» erstehen. Und sie hatten Umschau gehalten, wo besonders weise Seelen sind.

Sie hatten Kundschaft erhalten davon, dass in der Seele des Jesus von Nazareth diese große Weisheit aufleuchtete. Und so, ohne dass er den besonderen Erprobungen der niederen Grade unterworfen wurde, wurde er aufgenommen wie ein Externist in die Gemeinschaft der Essäer – ich will nicht sagen in den Orden der Essäer.

Es erfolgte nun diesem jungen Menschen gegenüber das Zutraulichwerden vonseiten selbst der Weisesten mit ihren Geheimnissen. Der junge Jesus von Nazareth hörte innerhalb des Essäerordens viel, viel Tieferes über die Geheimnisse dieser Essäer, als er vorher empfangen hatte durch die Schriftgelehrten im Haus seines Vaters oder auch durch das, was er schon früher durch die Offenbarungen der Bath-Qol aufglänzen vernahm. Ein reger Ideenaustausch zwischen Jesus und den Weisesten dieser Essäer fand statt durch sein 26. bis 28. Lebensjahr hindurch.

Da lernte er alles dasjenige kennen, was der Essäerorden zu geben hatte. Denn dasjenige, was ihm nicht durch Worte mitgeteilt wurde, das stellte sich ihm, weil sein hellsichtiger Blick besonders geschärft war, durch allerlei hellsichtige Impressionen dar – entweder während er bei den Essäern war, oder wenn er zu Hause beschaulich dasjenige auf sich wirken ließ, was er während des regen Ideenaustausches in seiner Seele erlebt hatte.

Von solchen Impressionen muss eine besonders hervorgehoben werden, weil sie hineinleuchten kann in den ganzen Entwicklungsgang der Menschheit. Es war eine Impression, die er wie in einer Entrücktheit hatte, in der ihm infolge des Ideenaustausches mit den Essäern *der Buddha* in gewaltiger, bedeutsamer Vision erschien.

Ein Geistgespräch fand statt zwischen dem Buddha und der Seele des Jesus. Es gehört zu meiner okkulten

Verpflichtung, Ihnen den Inhalt dieses Geistgesprächs mitzuteilen, denn wir müssen heute diese bedeutsamen Geheimnisse der Menschheitsentwicklung berühren.

In diesem Geistgespräch mit dem Buddha erfuhr Jesus von dem Buddha ein Geheimnis, das dieser in folgende Worte kleidete: «Wenn meine Lehre völlig in Erfüllung gehen sollte, dann müssten alle Menschen diesen Essäern gleichen. Aber das war mein Irrtum, dass ich glaubte, dass das sein könnte, denn die Essäer können sich nur dadurch aussondern, dass die übrigen Menschen neben ihnen sein müssen. Wenn meine Lehre aber vollständig erfüllt werden sollte, müssten alle Menschen Essäer sein.»

Das war ein bedeutsames Erlebnis, das Jesus von Nazareth durch die Gemeinschaft mit den Essäern hatte. Und ein anderes war, dass er dort die Bekanntschaft mit einem fast gleichaltrigen Mann machte, der ebenfalls nahegetreten war den Essäern, in einer anderen Weise als Jesus von Nazareth selbst, der aber trotzdem auch nicht ganz Essäer geworden war. Dieser, der wie ein Laienbruder innerhalb des Essäerordens lebte, war derjenige, den wir als *Johannes den Täufer* kennen. Er trug wie ein Essäer im Winter Kleider von Kamelhaar, aber er konnte für sich die Lehre des Judentums nicht gegen die Lehre der Essäer austauschen. Aber da sie großen Eindruck auf ihn machte, ließ er sich durch sie inspirieren und kam allmählich zu dem, was uns von Johannes dem Täufer erzählt wird.

Viele Gespräche fanden statt zwischen Johannes dem Täufer und Jesus von Nazareth. Da geschah es eines Tages – wieder muss ich einschieben, dass diese Dinge einer okkulten Verpflichtung zufolge jetzt erzählt werden müssen –, es geschah, dass Jesus von Nazareth, während er mit Johannes dem Täufer sprach, wie verschwunden vor sich sah die physische Gestalt, die physische Leiblichkeit des Täufers und die Vision des Elias hatte. Das war das zweite wichtige Seelenerlebnis innerhalb der Gemeinschaft des Essäerordens. Und dann gab es noch ein anderes Erlebnis.

Schon seit längerer Zeit hatte Jesus von Nazareth etwas ganz Besonderes beobachten können. Wenn er an Orte kam, wo Essäertore, bildlose Tore waren, da konnte er durch solche Tore nicht schreiten, ohne wiederum bittere Erfahrungen zu machen. Er sah diese bildlosen Tore, aber für ihn waren geistige Bilder an diesen Toren. Für ihn erschienen zu beiden Seiten dieser Tore immer *Luzifer und Ahriman.*

Und allmählich hatte sich ihm das Gefühl in der Seele festgelegt, dass die Bildlosigkeit dieser Tore, die Abneigung der Essäer gegen Bilder, etwas zu tun haben muss mit dem, was er an diesen Toren erschaute als solche Sendboten, solche geistigen Abbilder von Luzifer und Ahriman. Öfter hatte Jesus von Nazareth dieses bemerkt, und öfter waren solche Gefühle in seiner Seele aufgestiegen.

Wer solches erlebt, der findet nicht, dass er über diese Dinge viel grübeln soll. Sie wirken zu erschütternd. Man fühlt, dass menschliche Gedanken nicht hinreichen, um solche Dinge zu ergründen. Das Denken hält man nicht für fähig, sie tief genug zu ergründen. Aber die Eindrücke wirken tief, und man fühlt sich wie verbunden mit den Orten, wo man solche Eindrücke gehabt hat. Man trägt sie tief in der Seele weiter durch das Leben.

So hatte Jesus von Nazareth die beiden Bilder von Luzifer und Ahriman, die er oftmals an den Toren der Essäer sah, durch das Leben weiter getragen. Die Wirkung, die das auf seine Seele ausübte, trug sich hinein in die Verständigung mit den Essäern. Er konnte diesen gegenüber nicht davon sprechen, es verschlug ihm jedes Mal die Sprache, wenn er im Ideenaustausch mit ihnen etwas davon einfließen lassen wollte.

Eines Tages, nach einer besonders wichtigen Unterredung, als er durch das Tor des Hauptgebäudes das Kloster verließ, da traf er, während er hindurchging durch das Tor, wieder diese Gestalten. Er sah sie fliehen von dem Essäerkloster, und es senkte sich in seine Seele eine Frage. Nicht als ob er diese Frage stellte, nicht als ob sie ihm durch den Verstand in die Seele eingegeben wäre, sondern aus den Tiefen des Gefühls drängte sich in seine Seele diese Frage.

Er fragte sie nicht, er erlebte sie, die Frage: Wohin fliehen diese, die die Heiligkeit des Klosters zum Fliehen gebracht hat?

Diese Frage brachte er nicht mehr los aus seiner Seele, sie brannte wie Feuer in seiner Seele. Stündlich, minütlich erlebte er sie. Damit ging er durch die nächsten Wochen, nachdem er nach dem geistigen Gespräch, das er geführt hatte innerhalb des Essäerordens, dessen Tor er verlassen hatte, nachdem er dort fliehen gesehen hatte Luzifer und Ahriman.

Wohin fliehen sie, fragte seine Seele jetzt, nachdem sie durchlebt hatte, dass die alten Inspirationen verloren gegangen waren, nachdem sie erlebt hatte, dass die Religionen und Kulte von dämonischen Gewalten verdorben waren, nachdem sie erlebt hatte die umgewandelte Stimme der Bath-Qol und sie sich fragen musste, was die Worte der Bath-Qol zu bedeuten hatten.

Wohin fliehen Luzifer und Ahriman, fragte sich jetzt die Seele des Jesus von Nazareth. Diese Frage wollen wir morgen uns auch vorlegen.

Fünfter Vortrag

Von Jesus zu Christus

Der Weg des Menschen zurück zum Geist

Oslo, 6. Oktober 1913

Meine lieben Freunde!

Wir haben gestern den Blick auf das Leben des Jesus von Nazareth in der Zeit werfen können, die für ihn verflossen ist ungefähr von seinem 12. Lebensjahr bis zum Ende seiner zwanziger Jahre.

Aus dem, was ich erzählen durfte, können wir das Gefühl haben, dass Tiefbedeutsames sich für die Seele des Jesus von Nazareth in dieser Zeit abgespielt hat – Tiefbedeutsames aber auch für die ganze Entwicklung der Menschheit. Wir wissen, dass alles in der Menschheitsentwicklung zusammenhängt und dass ein so bedeutsames Ereignis mit einem Menschen, in dessen Seelenleben so viel, so unendlich viel von den Angelegenheiten der ganzen Menschheit hineinspielt, dass das auch für die ganze Menschheitsentwicklung von Bedeutung ist.

Wir lernen dasjenige, was das Ereignis von Golgota geworden ist für die Entwicklung der Menschheit, in der verschiedensten Weise erkennen. In diesem Vortragszyklus handelt es sich darum, es erkennen zu lernen durch die Betrachtung des Lebens des Christus Jesus selbst.

Und so wenden wir den Blick, den wir gestern auf den charakterisierten Zeitraum gerichtet haben, der zwischen dem 12. Lebensjahr und der Johannes-Taufe liegt, heute noch einmal in diese Seele des Jesus von Nazareth hinein und fragen wir uns: Was mag alles in dieser Seele gelebt haben, nachdem sich diese bedeutungsvollen Ereignisse bis in das 28./29. Lebensjahr hinein abgespielt hatten.

Man wird vielleicht ein Gefühl, eine Empfindung dafür erhalten, wenn eine Szene erzählt wird, die sich gegen Ende seiner zwanziger Jahre bei ihm abspielte. Diese Szene betrifft ein *Gespräch,* das er *mit seiner Mutter* hatte, mit derjenigen, die durch das Zusammenziehen der beiden Familien für lange Jahre seine Mutter geworden war.

Er hatte sich diese ganzen Jahre mit dieser Mutter gut verstanden, viel besser als mit den anderen Gliedern der Familie, die im Haus zu Nazareth lebten. Es war vieles, was sich in seiner Seele abspielte, mit dieser Mutter schon besprochen worden. Aber dieses Gespräch, das wir heute betrachten wollen, lässt uns tief, tief hineinblicken in seine Seele.

Es war der Jesus von Nazareth nach und nach durch die gestern charakterisierten, bedeutsamen Erlebnisse so umgewandelt, dass unendliche Weisheit sich in seinem Antlitz ausprägte. Aber er war auch zu dem gekommen, was immer stattfindet, wenn die Weisheit in einer Menschenseele zunimmt. Er war zu einer gewissen inneren Traurigkeit gekommen.

Die Weisheit hatte ihm die Frucht gebracht, dass der Blick, den er in die menschliche Umgebung wenden konnte, ihn recht traurig machte. Dazu kam noch, dass er in den letzten seiner zwanziger Jahre in den stillen Stunden immer an etwas Bestimmtes hatte denken müssen.

Immer wieder von Neuem musste er daran denken, wie im 12. Lebensjahr in seiner Seele ein solcher Umschwung stattgefunden hatte, wie es nach der Einlagerung des Zarathustra-Ich mit ihm geschehen war.

Er musste daran denken, wie er in den ersten Zeiten nach seinem 12. Lebensjahr nur den unendlichen Reichtum dieser Zarathustra-Seele in sich gefühlt hatte. Er wusste nicht, dass er der wiederverkörperte Zarathustra war, das aber wusste er, dass ein großer, gewaltiger Umschwung in seinem 12. Lebensjahr in seiner Seele vor sich gegangen war.

Und jetzt hatte er oft das Gefühl: Ach, wie war es doch anders mit mir vor diesem Umschwung in meinem 12. Lebensjahr! Er fühlte, wenn er jetzt an diese Zeit zurückdachte, wie unendlich warm es damals in seinem Gemüt war.

Er war als Knabe ganz welt-entrückt gewesen. Da hatte er das lebhafteste Gefühl für alles gehabt, was aus der Natur heraus zum Menschen spricht, für alle Herrlichkeit und Größe der Natur, aber er war unbegabt für alles, was man schulgemäß lernen kann. Es wäre falsch, zu sagen, dass dieser Jesusknabe, bevor der Zarathustra in seine Seele hinübergezogen war, bis in sein 12. Lebensjahr hinein besondere Begabungen gehabt hätte, dass er besonders gescheit gewesen wäre. Er hatte ein ungemein mildes, sanftmütiges Wesen, eine unendliche Liebefähigkeit, eine unendliche Tiefe des Gemüts, aber kein Interesse für alles dasjenige, was Menschen sich an Wissen im Laufe der Jahrhunderte aufgespeichert haben.

Und dann, nach diesem Moment im Tempel zu Jerusalem in seinem 12. Lebensjahr, war es so, als ob alles, was menschliche Weisheit sich erringen kann, in seine Seele hereingestürmt wäre. Und jetzt musste er oftmals denken, wie er früher, vor seinem 12. Lebensjahr, in ganz anderer Weise mit allem tieferen Geist der Welt verbunden gewesen war, wie seine Seele offen gewesen war für unendliche Weiten.

Er dachte daran, wie er dann die hebräische Gelehrsamkeit aufgenommen hatte, wie er durchgemacht hatte die Erschütterung, dass die Bath-Qol nicht mehr in der alten Weise inspirierend wirken konnte, wie er dann auf seinen Reisen die heidnischen Kulte kennengelernt hatte, wie ihm die Weisheit und die Religion des Heidentums in ihren verschiedenen Nuancierungen durch die Seele gezogen waren.

Er dachte daran, wie er seit seinem 12. Lebensjahr gelebt hatte in all dem, was äußerlich die Menschheit sich errungen hat, wie er dann der Gemeinschaft der Essäer nahegetreten war, wie er deren Geheimwissen kennengelernt hatte, und die Menschen kennengelernt hatte, die das in ihrer Seele aufgenommen hatten.

Und er fühlte: Es ist aber auch diesen Seelen nur dasjenige aufgegangen, was Schätze menschlicher Weisheit sind, die sich seit dem Altertum aufgespeichert haben – menschliche Schätze an Weisheitskultur, menschliche Schätze an moralischer Errungenschaft. Er fühlte, in dem Menschlichen auf der Erde hatte er gelebt seit seinem 12. Lebensjahr.

Und jetzt musste er zurückdenken an die Zeit, wo alles in ihm elementar war, wo alles aus einem aufsprudelnden Leben, aus einem warmen Gemüt kam, das ihn innig und warm mit anderen Menschenseelen zusammenschloss. Und er musste fühlen, wie er jetzt vereinsamt, allein und schweigsam geworden war.

Alle diese Gefühle brachten ein ganz bestimmtes Gespräch zustande zwischen ihm und der Persönlichkeit, die ihm Mutter geworden war. Diese Mutter liebte ihn ungeheuer. Sie hatte öfter mit ihm gesprochen über all das Schöne und Große, was sich seit seinem 12. Lebensjahr in ihm gezeigt hatte. Ein immer innigeres, edleres und schöneres Verhältnis hatte sich herausgebildet zu dieser Stiefmutter.

Aber seinen inneren Zwiespalt hatte er auch dieser Mutter verschwiegen. Sie hatte nur gesehen, wie er immer weiser wurde, wie er immer tiefer eindrang in die ganze

Menschheitsentwicklung. Und jetzt war ihr in dieser Art Generalbeichte vieles neu, was er ihr sagte. Aber sie nahm es auf mit warmem Herzen. Es war in ihr wie ein unmittelbares Verstehen für seine Traurigkeit und seine Gemütsstimmung.

Sie ahnte sein Sich-zurück-Sehnen in die Zeit vor seinem 12. Lebensjahr. Daher suchte sie ihn zu erheben und zu trösten, indem sie anfing, von all dem Schönen und Herrlichen zu sprechen, was sich seitdem zugetragen hatte. An all das erinnerte sie ihn, was durch ihn bekannt geworden war an Wiedererneuerung der großen Weisheitssprüche, der großen Weisheitsschätze des Judentums. Davon sprach sie zu ihm.

Und als sie von all dem sprach, da wurde es ihm immer schwerer ums Herz, wenn er so die Mutter sprechen hörte. Und endlich erwiderte er:

> Ja, das mag alles sein. Aber ob durch mich oder durch einen anderen heute erneuert würden die alten herrlichen Weisheitsschätze des Judentums, was hätte das alles für eine Bedeutung für die Menschheit? Es ist doch dieses alles bedeutungslos für die Menschheit! Wenn es heute eine Menschheit um uns herum gäbe, die Ohren hätte, die alten Propheten zu hören, dann hätte es einen Nutzen für uns. Aber selbst wenn jemand so sprechen würde, wie die alten Propheten gesprochen haben, selbst wenn

Elias heute käme und unserer Menschheit dasjenige verkünden würde, was er als sein Bestes in den Himmelsweiten erfahren hat – es sind heute nicht die Ohren dafür da, um die Worte des Elias zu hören. Und auch die Worte der älteren Propheten bis Abraham, ja, selbst die Moses-Weisheit, sie würde ungehört verhallen. Und so ist wertlos alles, was ich in meiner Seele trage.

So sprach Jesus von Nazareth. Und er wies darauf hin, wie erst kurz davor eines wahrhaft großen Lehrers Worte verklungen waren, ohne Wirkung zu hinterlassen. Denn war er auch kein Lehrer, der an die alten Propheten heranreichte, so war er doch ein großer Lehrer, der alte gute *Hillel,* der geboren war im Jahr 75 vor unserer Zeitrechnung und gestorben war im Jahr 4 nach derselben.

Jesus wusste genau, wie selbst in den Zeiten des Herodes, die so schwer waren, dieser alte Hillel als Geisteslehrer ein großes Ansehen zu gewinnen wusste und vielen ein Lehrer gewesen war. Er war ein Mann, der große Weisheitsschätze in seiner Seele gehabt hatte. Und Jesus wusste, wie wenig die Worte, die der alte Hillel gesprochen hatte, Eingang gefunden hatten in die Herzen und Seelen. Und doch hatte man gesagt: Die Thora, die Summe der ältesten, bedeutsamsten Gesetze des Judentums war verschwunden, und Hillel hat sie wiederhergestellt.

Wie ein Erneuerer der ursprünglichen Judenweisheit erschien Hillel seinen Zeitgenossen. Er war ein Lehrer, der herumwandelte wie ein wahrer Weisheitslehrer. Sanftmut war sein Grundcharakter, so erzählt der Talmud. Die Leute wussten das Folgende von Hillel zu erzählen – ich kann nur einiges herausgreifen, um die Seelenstimmung des Jesus anzudeuten, als er mit seiner Mutter sprach.

Hillel wurde geschildert als sanfter, milder Charakter, der Ungeheures dadurch wirkte. Eine Erzählung ist besonders tief bedeutsam, um zu zeigen, dass er der Mann der Geduld und der Sanftmut war, der jedem entgegenkam.

Zwei Menschen wetteten einmal um den Zorn des Hillel.[3] Denn bekannt war, dass Hillel überhaupt nicht in

---

3 *Der babylonische Talmud mit Einschluss der vollstaendigen Misnah,* von Lazarus Goldschmidt, Erster Band, Berlin 1897, S. 387-388 (Sabbath II, V: Fol. 30b-31a): «Die Rabbanan lehrten: Stets sei der Mensch sanftmütig wie Hillel und nicht jähzornig wie Šammaj. Es ereignete sich einst, dass zwei Männer eine Wette eingingen; sie sprachen nämlich, wer da hingeht und den Hillel erzürnt, der erhält vierhundert Zuz. Da sprach der Eine: Ich bringe ihn in Zorn. Es war gerade am Vorabend des Šabbaths, und Hillel reinigte den Kopf. Er ging alsdann hin, trat vor seine Thür und fragte: Ist Hillel anwesend? ist Hillel anwesend? Dieser umhüllte sich, trat ihm entgegen und sprach zu ihm: Mein Sohn, was ist dein Begehr? Jener erwiderte: Ich habe eine Frage zu richten. Dieser sprach: Frage, mein Sohn. Da fragte jener: Weshalb sind die Köpfe der Babylonier rund? Dieser erwiderte: Mein Sohn, du hast eine wichtige Frage gethan; – weil sie keine kluge Hebammen haben. Er ging fort und wartete eine Zeit, dann kam er wieder und fragte: Ist Hillel anwesend? ist Hillel anwesend? Dieser umhüllte sich, trat ihm entgegen und sprach zu ihm: Mein Sohn, was ist dein Begehr? Jener erwiderte: Ich habe eine Frage zu richten. Dieser sprach: Frage, mein Sohn. Da fragte jener: Weshalb sind die Augen der Tadmorenser thränend? Dieser erwiderte: Mein Sohn, du hast eine

Zorn geraten konnte. Da wetteten nun zwei Männer, von denen der eine sagte: Ich will alles tun, um Hillel in Zorn zu bringen. Und als für Hillel die Zeit gerade am allerbesetztesten war, da er mit der Vorbereitung für den Sabbat zu tun hatte, wo ein solcher Mensch am wenigsten gestört werden kann, da klopfte dieser Mann an die Türe Hillels, nicht mit höflichem Ton, sondern ohne besondere Anrede. Hillel war als Vorsitzender der obersten geistlichen Behörde an Höflichkeit ihm gegenüber gewöhnt, dieser Mann aber rief nur: «Hillel, komm heraus!»

---

wichtige Frage gethan; – weil sie in sandiger Gegend wohnen. Er ging fort und wartete eine Zeit, dann kam er wieder und fragte: Ist Hillel anwesend? ist Hillel anwesend? Dieser umhüllte sich, ging ihm entgegen und fragte: Mein Sohn, was ist dein Begehr? Jener erwiderte: Ich habe eine Frage zu richten. Dieser sprach: Frage, mein Sohn. Da fragte er: Weshalb sind die Füsse der Afrikaner platt? Dieser erwiderte: Mein Sohn, du hast eine wichtige Frage gethan; – weil sie in sumpfiger Gegend wohnen. Darauf sprach jener: Ich habe noch viele Fragen zu richten, allein, ich fürchte, du könntest zornig werden. Dieser umhüllte sich, setzte sich nieder und sprach zu ihm: Alle Fragen, die du noch hast, kannst du vorbringen. Da sprach jener: Bist du der Hillel, den man Fürst Jisraëls nennt? Dieser erwiderte: Jawol. Darauf versetzte jener: Wenn du es bist, so möge es in Jisraël nicht viele deinesgleichen geben! Dieser fragte: Warum, mein Sohn? Jener antwortete: Weil ich durch dich vierhundert Zuz verloren habe. Da sprach er: Sei behutsam, Hillel ist es wert, dass du durch ihn vierhundert Zuz und noch vierhundert Zuz verlierst, Hillel ist nicht in Zorn zu bringen. [...] Wiederum ereignete es sich, dass ein Nichtjude vor Sammaj trat und zu ihm sprach: Nimm mich in das Judentum auf, mit der Bedingung, dass du mich die ganze Gesetzlehre lehrst, während ich auf einem Fuss stehe. Da stiess er ihn mit der Elle, die er in der Hand hatte, fort. Darauf kam er zu Hillel. Dieser nahm ihn auf und sprach zu ihm: Was dir nicht lieb ist, das thue auch deinem Nächsten nicht; das ist die ganze Gesetzlehre, alles Andere ist nur die Erläuterung, gehe und lerne sie.»

Hillel warf sich seinen Mantel um und kam heraus. Der Mann rief, wiederum ohne die geringste Höflichkeit: «Hillel, ich habe dich etwas zu fragen!» Und gütig antwortete Hillel: «Mein Lieber, was hast du mich zu fragen?» «Ich habe dich zu fragen: Warum haben die Babylonier so dünne Köpfe?» Hillel antwortete freundlich: «Deshalb haben die Babylonier so dünne Köpfe, weil sie so ungeschickte Hebammen haben.» Da ging der Mann fort und dachte, diesmal ist Hillel sanftmütig geblieben. Hillel setzte sich wieder an seine Arbeit.

Da kam der Mann zurück und rief: «Hillel, komm heraus, ich habe dich etwas Wichtiges zu fragen.» Hillel warf sich wieder etwas um, ging hinaus und fragte: «Mein Lieber, was hast du mich zu fragen?» «Ich habe dich zu fragen: Warum haben die Araber so kleine Augen?» Hillel antwortete: «Weil die Wüste so groß ist und die Augen vom Betrachten der Wüste so klein werden, deshalb haben die Araber so kleine Augen.» Sanftmütig blieb Hillel wieder. Da war es dem Mann recht ängstlich um seine Wette.

Er kam wieder und rief: «Hillel, komm heraus, ich habe dich etwas Wichtiges zu fragen.» Hillel kam wieder heraus und sprach: «Nun, mein Lieber, was hast du mich denn Wichtiges zu fragen?» «Ich habe dich zu fragen: Weshalb haben die Ägypter so platte Füße?» «Weil der Boden in Ägypten so sumpfig ist, deshalb haben die Ägypter so platte Füße.»

Da rief der Mann: «Ich habe eine Wette gemacht, dass ich Hillel in Zorn bringe. Ich weiß nicht, wie ich es machen soll.» Da antwortete Hillel: «Mein Lieber, es ist besser, dass du deine Wette verlierest, als dass Hillel in Zorn gerät.»

Dies wurde erzählt zum Beweis dafür, wie sanftmütig und lieb Hillel selbst mit jedem war, der ihn quälte. Solch ein Mann ist, so meinte Jesus von Nazareth zu seiner Mutter, wie ein großer Prophet. Und kennen wir nicht viele Aussprüche von Hillel, die wie eine Erneuerung des alten Prophetentums klingen?

Und er führte manchen schönen Ausspruch von Hillel an und sagte: Ich habe noch ein besonderes Interesse an ihm, denn es dämmert etwas in mir auf, als wenn noch ein besonderer Zusammenhang da sei zwischen Hillel und mir. Es dämmert auf in mir, als ob dasjenige, was ich weiß und was in mir als Offenbarung des Geistigen lebt, nicht allein vom Judentum kommen würde.

Ebenso war es auch bei Hillel, denn dieser war der äußeren Geburt nach ein Babylonier und war erst später in das Judentum hereingekommen. Er stammte ab von dem Geschlecht des David, von dem sich auch der Jesus selbst und die Seinen abzuleiten hatten. Und es sagte der Jesus: Wenn ich auch als Sohn aus dem Geschlecht des David die hohen Offenbarungen aussprechen würde, die wie eine Erleuchtung in meine Seele hereingegossen sind und die dieselben hohen Offenbarungen sind, die in alten Zeiten dem jüdischen Volk gegeben worden sind – heute sind die Ohren nicht da, sie zu hören.

Tief hatte sich in seiner Seele Schmerz und Leid darüber abgeladen, dass einstmals dem hebräischen Volk die tiefsten Wahrheiten der Welt gegeben worden waren, dass einstmals auch die Leiber dieses Volkes so waren, dass sie diese Offenbarungen verstehen konnten – dass jetzt aber die Zeiten anders geworden waren, dass auch die Leiber des hebräischen Volkes anders waren, sodass sie nicht mehr die alten Offenbarungen der Urväter verstehen konnten.

Ein ungeheuer schmerzliches Erlebnis war das für den Jesus, dass er sich sagen musste: Einstmals ist verstanden worden, was die Propheten lehrten, es ist verstanden worden vom hebräischen Volk die Sprache des Gottes. Heute aber ist niemand da, der sie versteht. Tauben Ohren würde man predigen, solche Worte sind heute nicht mehr am Platz, es sind nicht mehr die Ohren da, sie zu verstehen. Wertlos und nutzlos ist alles, was man in solcher Weise sagen könnte.

Und wie alles dasjenige zusammenfassend, was er in solcher Richtung zu sagen hatte, sagte Jesus zu seiner Mutter: Es ist nicht mehr für diese Erde die Offenbarung des alten Judentums möglich, denn die alten Juden sind nicht mehr da, um sie aufzunehmen.

Und aufmerksam hörte die Mutter diesem Sprechen von der Wertlosigkeit dessen zu, was ihr das Heiligste war. Aber sie hatte ihn innig lieb, und sie fühlte nur diese Liebe. Daher ging etwas in sie über von tiefstem Gemütsverständnis dessen, was er ihr zu sagen hatte.

Und dann sprach er ihr davon, wie er in eine heidnische Kultstätte hineingeraten war. Es dämmerte etwas in seinem Geist davon auf, wie er am heidnischen Altar niedergefallen war, wie er die verwandelte Bath-Qol gehört hatte. Und jetzt kam herauf in seiner Seele etwas wie eine Erinnerung an die alte Zarathustra-Lehre. Er wusste zwar nichts Genaues, aber die alte Zarathustra-Weisheit, der alte Zarathustra-Impuls kam in seiner Seele herauf. Er erlebte in seiner Seele gemeinsam mit seiner Mutter etwas von dem großen Sonnengeheimnis des Zarathustra. Und dann erinnerte er sich: Als ich am heidnischen Altar lag, da hörte ich etwas wie eine Offenbarung – und jetzt kamen in seine Erinnerung die Worte der umgewandelten Bath-Qol:

> Amen.
> Es walten die Übel,
> Zeugen sich lösender Ichheit.
> Von Andern erschuldete Selbstheitschuld
> Erlebet im täglichen Brote,
> In dem nicht waltet der Himmel Wille,
> In dem der Mensch sich schied von eurem Reich
> Und vergaß euren Namen,
> Ihr Väter in den Himmeln.

Und alle Größe auch des Mithras-Dienstes, sie lebte sich ihm dar wie von innen heraus. Viel sprach er von der Größe und Glorie auch des alten Heidentums, wie zusammengeflossen waren die einzelnen Mysteriendienste Vorderasiens und Südeuropas in diesem Mithras-Dienst.

Aber zugleich trug er in seiner Seele das furchtbare Gefühl, wie dämonische Gewalten, die er selbst erlebt hatte in seinem 24. Lebensjahr, als er eine heidnische Stätte besucht hatte, wie diese ihm erschienen waren in seiner Entrücktheit. Und da erschien ihm auch die Zarathustra-Lehre wie etwas, wofür die Menschen seiner Zeit nicht mehr empfänglich waren. Und er sagte zu seiner Mutter:

> Wenn auch erneuert würden die alten Mysteriendienste, die einstmals groß waren, es sind dafür die Menschen nicht mehr da. All das ist nutzlos. Und wenn ich verkündigen würde die Stimme der alten Bath-Qol, oder wenn ich verkündigen würde die alte Sonnenweisheit, es sind heute die Menschen nicht da, die das verstehen würden. Heute würde sich das alles in dämonische Wesen in den Menschen verkehren. Es würde in die Menschenseele so hineinklingen, denn die Ohren sind nicht mehr da, solches zu verstehen. Die Menschen haben aufgehört, auf dasjenige hören zu können, was einstmals verkündet worden ist.

Denn es wusste jetzt der Jesus, dass die Stimme der Bath-Qol, die ihm zugerufen hatte die Worte: «Es walten die Übel», dass das eine uralt heilige Lehre war, dass das ein Gebet war in den Mysterien, dass aber dieses Gebet vergessen war zu seiner Zeit. Er wusste jetzt, dass das, was ihm gegeben worden war, ein Hinweis auf alte Mysterienweisheit war, die über ihn gekommen war, als er am heidnischen Altar entrückt war. Aber er sah zugleich, dass es keine Möglichkeit gab, das wieder zum Verständnis zu bringen.

Und dann sprach er zu seiner Mutter von dem, was er im Kreis der Essäer in sich aufgenommen hatte. Er sprach von all dem Großen und Schönen der Essäer. Er gedachte wieder all der Milde und Sanftmütigkeit des Hillel.

Und dann sagte er das dritte bedeutungsvolle Wort, was ihm aufgegangen war in seinem visionären Gespräch mit dem Buddha:

> Es können doch nicht alle Menschen Essäer werden! Wie recht hatte Hillel, als er die Worte sprach: «Sondere dich nicht ab von der Gesamtheit, sondern schaffe und wirke unter den Menschen. Denn was bist du, wenn du allein bist?» So machen es aber die Essäer: Sie sondern sich ab, und sie bringen dadurch Unglück über die anderen Menschen, denn die Menschen müssen unglücklich sein, von denen sie sich absondern.

Dann erzählte er der Mutter das Erlebnis, das er hatte bei den Essäern. Und er sagte: Als ich hinausging nach meinen intimsten Gesprächen mit den Essäern, da sah ich am Haupttor, wie Luzifer und Ahriman davonliefen. Seit jener Zeit weiß ich, dass die Essäer durch ihre Lebensweise, durch ihre Geheimlehre sich selbst vor ihnen schützen, aber diese fliehen von ihnen zu den anderen Menschen hin. Die Essäer werden glücklich in ihren Seelen auf Kosten der anderen. Die Essäer werden glücklich, weil sie sich selbst vor Luzifer und Ahriman retten.

Er wusste jetzt: Ja, eine Möglichkeit gibt es noch, dahin hinaufzusteigen, wo man sich mit dem Göttlich-Geistigen vereint, aber es können es nur Einzelne auf Kosten der großen Menge erreichen. Er wusste jetzt:

- Weder auf *Judenweise,*
- noch auf *Heidenweise,*
- noch auf *Essäerweise*

ist der allgemeinen Menschheit der Zusammenhang mit der göttlich-geistigen Welt beizubringen.

Seine Worte schlugen furchtbar in die Seele der liebenden Mutter ein. Er war während dieses ganzen Gesprächs vereint mit ihnen, wie eins mit ihnen. Die ganze Seele, das ganze Ich des Jesus von Nazareth lag in diesen Worten.

Hier möchte ich das Geheimnisvolle andeuten, das bei diesem Gespräch mit der Mutter vor der Johannes-Taufe stattfand.

Es ging etwas weg von Jesus zu dieser Mutter hinüber. Nicht nur in Worten rang sich das alles los von seiner Seele, sondern weil er damit so innig vereint war seit seinem 12. Lebensjahr, ging mit seinen Worten sein ganzes Wesen zu ihr hinüber. Und er wurde jetzt so, dass er wie außer sich gekommen war, wie wenn ihm sein Ich weggekommen war.

Die Mutter aber hatte ein neues Ich, das sich in sie hineinversenkt hatte. Sie war eine neue Persönlichkeit geworden. Und forscht man nach, versucht man herauszubekommen, was da geschah, so stellt sich Folgendes heraus.

Der furchtbare Schmerz, das furchtbare Leid des Jesus, das sich aus seiner Seele losrang, das ergoss sich in die Seele der Mutter hinein. Sie fühlte, als ob alles, was seit seinem 12. Lebensjahr in ihm lebte, fortgegangen wäre von ihm während dieses Gesprächs. Je mehr er davon sprach, desto mehr wurde die Mutter voll von all der Weisheit, die in ihm lebte. All die Erlebnisse, die seit seinem 12. Lebensjahr in ihm gelebt hatten, sie lebten jetzt in der Seele der liebenden Mutter auf.

Aber von ihm waren sie wie hinweggeschwunden. Er hatte in die Seele der Mutter dasjenige hineingelegt, was er selbst erlebt hatte seit seinem 12. Lebensjahr. Dadurch wandelte sich die Seele der Mutter um.

Wie umgewandelt war auch er seit jenem Gespräch, so umgewandelt, dass die Stiefbrüder und die anderen Verwandten, die in seiner Umgebung waren, die Meinung bekamen, er hätte den Verstand verloren. «Wie schade», sagten sie, «er wusste so viel. Er war immer schweigsamer geworden, jetzt aber ist er völlig außer Sinnen gekommen, jetzt hat er den Verstand verloren.» Man sah ihn als einen Verlorenen an. Er ging tagelang wie traumhaft im Haus umher. Das Zarathustra-Ich war dabei, diesen Leib zu verlassen und in die geistige Welt überzugehen.

Ein letzter Entschluss entstand in ihm. Wie einen inneren Drang verspürte er, etwas zu tun. Wie durch eine innere Notwendigkeit getrieben, wie mechanisch bewegte er sich aus dem Haus fort, hin zu dem ihm bekannten Johannes, der am Jordan war. Und dort fand statt, was wir als *Johannes-Taufe* kennen. Das Christus-Wesen senkte sich in seinen Leib hinein. So war der Vorgang.

Es war der Jesus jetzt von dem Christus-Wesen durchdrungen. Seit jenem Gespräch war das Ich des Zarathustra von dem Jesus fortgegangen, und dasjenige, was vorher gewesen war, das war wieder da, nur noch größer geworden. Und hinein senkte sich in diesen Leib – der jetzt nur die unendliche Gemütstiefe in sich trug, das Gefühl des Offenseins für unendliche Weiten –, da hinein senkte sich der Christus. Der Jesus war jetzt durchdrungen von dem Christus. Die Mutter aber hatte auch ein neues Ich erlangt, das sich in sie hineingesenkt hatte. Sie war eine neue Persönlichkeit geworden.

Es stellt sich dem Geistesforscher Folgendes dar. Die leibliche Mutter des Jesus von Nazareth, die, seit er das 12. Lebensjahr überschritten hatte, in der geistigen Welt war, kam jetzt herab in die Ziehmutter des Jesus und durchgeistigte ihre Seele. Sie zog in sie hinein, und diese Ziehmutter wurde eine andere. Sie wurde durchdrungen mit der Seele, die mittlerweile in der geistigen Welt geweilt hatte. In dem Moment, als die Taufe im Jordan stattfand, fühlte auch die Mutter etwas wie das Ende ihrer Verwandlung. Sie war damals im 45./46. Lebensjahr.

Und jetzt fühlte sie sich von der Seele jener jungen Mutter durchdrungen, die die Mutter des Jesus gewesen war.

- So wie der *Geist des Christus* auf Jesus von Nazareth,
- so war die *Seele der jungen Mutter* auf die Ziehmutter herabgekommen,

mit der der Jesus dieses Gespräch hatte. Sie fühlte sich seitdem wie jene junge Mutter, die einstmals diesen Jesus geboren hatte.

Stellen wir uns vor, was für ein unendlich bedeutsames Ereignis das ist. Versuchen wir zu fühlen, dass jetzt ein ganz besonderes Wesen auf der Erde lebt: das Christus-Wesen in einem Menschenleib.

Ein Wesen lebt jetzt auf der Erde, das bisher nur im geistigen Reich war, das vorher kein Erdenleben hatte, ein Wesen, das die geistige Welt kennt, aber nicht die Erdenwelt.

Von der Erdenwelt erfuhr das Christus-Wesen erst dasjenige, was aufgespeichert war im physischen, im ätherischen und im astralischen Leib des Jesus, wie diese Leiber geworden waren unter dem Einfluss des 30-jährigen Lebens.

Dieses Christus-Wesen wurde zunächst – das zeigt uns auch die Akasha-Chronik des Fünften Evangeliums –, in die Einsamkeit geführt. Jesus von Nazareth, in dessen Leib das Christus-Wesen war, hatte alles dasjenige hingegeben, was ihn mit der Erde verbunden hatte. Das Christus-Wesen war eben angekommen auf der Erde.

Und zunächst zog es dieses Christus-Wesen zu dem hin, was in diesem Leib als Gedächtnis im astralischen Leib geblieben war. Das Christus-Wesen sagte sich: Ja, das ist der Leib, zu dem «er» Luzifer und Ahriman hatte fliehen sehen, die fortgeflohen waren von den Toren der Essäer, die sie zu den anderen Menschen fortschickten. Zu ihnen fühlte sich der Christus hingezogen – zu Ahriman und Luzifer. Denn es sagte sich der Christus: Das sind die geistigen Wesen, mit denen die Menschen auf der Erde zu kämpfen haben. Und da er jetzt in einem Menschenleib lebte, in einem Erdenleib, so zog es ihn hin zum Kampf mit Luzifer und Ahriman in der Einsamkeit der Wüste.

Ich glaube, dass die Geschichte von der *Versuchung,* so wie ich sie jetzt erzähle, richtig ist. Aber es ist sehr schwer, in der Akasha-Chronik diese zu lesen. Vielleicht könnte die Reihenfolge modifiziert werden bei einer weiteren okkulten Untersuchung, aber das Wesentliche ist da, und dieses Wesentliche habe ich Ihnen zu erzählen. Ich habe versucht, diese Versuchungsgeschichte zu gewinnen, wie sie wirklich war. Die Evangelien erzählen diese Szene von verschiedenen Seiten her. Ich möchte unbefangen erzählen, wie sie war.

Zuerst begegnete in der Einsamkeit dem Christus-Wesen Luzifer im astralischen Leib des Jesus, wie er waltet und wirkt und an die Menschen versuchend herantritt, wenn die Menschen sich überschätzen, zu wenig Selbsterkenntnis und Demut haben. Heranzutreten an den Stolz und Hochmut der Selbstvergrößerung, das will Luzifer immer versuchen. Jetzt trat er dem Christus-Wesen entgegen und sagte zu ihm ungefähr die Worte:

«Sieh mich an! Die anderen Reiche, in die die Menschen hineinversetzt sind, sind alle von anderen Göttern und Geistern gegründet. Ich aber will ein eigenes Reich gründen, ich habe mich losgelöst von der Weltenordnung. Ich will dir alles an Schönheit geben, wenn du in mein Reich eintrittst. Aber du sollst dich von den anderen Göttern abtrennen und mich anerkennen.»

Und alle Schönheit der luziferischen Welt schilderte Luzifer, alles, was zur Menschenseele sprechen muss, wenn sie auch nur ein wenig Hochmut hat. Aber das Christus-Wesen kam eben aus den geistigen Welten, es wusste, wer Luzifer ist, und wie das Verhältnis der Seele zu den Göttern ist, die nicht auf der Erde von Luzifer verführt ist.

Das Christus-Wesen kannte nichts von der luziferischen Verführung in der Welt, aus der es kam. Es wusste aber, wie man den Göttern dient, und es war stark genug, um Luzifer zurückzuweisen.

Da machte Luzifer eine zweite Attacke, aber jetzt holte er sich Ahriman zu seiner Unterstützung heran. Und sie sprachen jetzt beide zum Christus. Der eine, Luzifer, wollte seinen Hochmut aufstacheln, der andere, Ahriman, wollte zur Furcht sprechen.

Dadurch kam zustande, dass ihm der eine sagte: «Durch meine Geistigkeit, durch das, was ich dir geben kann, wenn du mich anerkennst, wirst du nicht bewusst werden dessen, wessen du jetzt bewusst werden musst, wo du als Christus-Wesen in einen Menschenleib getreten bist.» Das sagte Luzifer. Und Ahriman sagte: «Dieser Menschenleib unterwirft dich, du musst in ihm das Gesetz der Schwere anerkennen, er hindert dich, das Gesetz der Schwere zu übertreten. Ich aber kann dich hinabstürzen, ohne dass du von dem ergriffen wirst, wovon ein Mensch ergriffen werden muss, von der Furcht. Ich werde dich behüten vor der Furcht – stürze dich hinunter!»

Und beide drangen sie auf ihn ein. Und da sie beide auf ihn einstürmten, sich gewissermaßen die Waage hielten, konnte er sich vor ihnen retten. Er fand die Kraft, die der Mensch auf der Erde finden muss, um sich über Luzifer und Ahriman zu erheben.

Da sagte Ahriman: Luzifer, ich kann dich nicht brauchen, du hast meine Kraft vermindert, du hemmst mich nur, ich werde ihn allein versuchen. Du hast verhindert, dass diese Seele uns verfällt.

Dann machte Ahriman die letzte Attacke als Ahriman allein. Er sagte dasjenige, was im Matthäus-Evangelium nachklingt: «Wenn du dich göttlicher Kräfte rühmen willst, dann mache das Mineralische zu Brot» – oder wie es im Evangelium steht: Mache die Steine zu Brot (vgl. Matthäus 4,3).

Da sagte das Christus-Wesen zu Ahriman: Die Menschen leben nicht von Brot allein, sondern sie leben von dem, was als Geistiges aus der geistigen Welt kommt. Das wusste es am besten, denn es war eben aus der geistigen Welt herabgestiegen.

Da antwortete Ahriman: Wohl magst du recht haben. Aber dass du recht hast, und inwiefern du recht hast, das kann mich nicht hindern, dich doch zu halten. Du kennst nur, was der Gott tut, der aus der höheren Welt herabströmt – du warst noch nicht in der Menschenwelt. Da unten bei den Menschen gibt es noch ganz andere Gesetze.

Sie haben nötig, Steine zu Brot zu machen. Die können sich unmöglich bloß vom Geistigen ernähren.

Das war der Moment, wo Ahriman etwas zum Christus sprach, was der Gott nicht wissen konnte, der eben erst die Erde betreten hatte. Das wusste er nicht, dass es unten auf der Erde nötig ist, das Mineralische, das heißt die Metalle, zu Geld zu machen, damit die Menschen Brot haben, dass die armen Menschen unten auf der Erde gezwungen sind, mit dem Geld sich zu ernähren.

Das war der Punkt, wo Ahriman noch Gewalt hatte. Und ich werde, sagte Ahriman, diese Gewalt gebrauchen!

Das, meine lieben Freunde, ist die wahre Darstellung der Versuchungsgeschichte. Also es war ein Rest geblieben, nicht alle Fragen waren gelöst. Wohl war die Frage des Luzifer ungültig geworden, aber die Frage Ahrimans war geblieben. Um diese zu lösen, war noch etwas anderes nötig.

Und als der Jesus die Einsamkeit verließ, da fühlte er sich über alles hinausgerückt, was er gelernt und durchlebt hatte von seinem 12. Lebensjahr an. Er fühlte den Christus-Geist mit dem verbunden, was vor seinem 12. Lebensjahr in ihm gelebt hatte. Er fühlte sich nicht mehr verbunden mit all dem, was alt und dürr geworden war im Menschheitswerden. Selbst die Sprache war ihm gleichgültig geworden. Er wanderte hinaus, immer weiter und weiter. Er besuchte viele derjenigen Orte, die er früher besucht hatte, und da zeigte sich etwas höchst Eigentümliches.

Ich bitte zu beachten: Ich erzähle die Geschichte des Fünften Evangeliums, und es würde nichts taugen, wenn jemand Widersprüche aufsuchen wollte zwischen diesem und den vier anderen Evangelien.

In rechter Schweigsamkeit, die nichts gemein hatte mit der Umgebung, wanderte von Herberge zu Herberge mit den Leuten arbeitend der Christus Jesus. In ihm waren lebendig die tiefsten Eindrücke dessen, was er durchlebt hatte mit dem Spruch Ahrimans vom Brot.

Als er die Orte wieder aufsuchte, wo er früher gearbeitet hatte, und wo er jetzt wieder arbeitete, da erkannten ihn die Menschen wieder. Und er fand unter diesen Menschen das vor, was Ahriman gesagt hatte, dass sie nötig hatten, Steine, Mineralisches oder Geld, zu Brot zu machen. Bei denjenigen musste er einkehren, die die anderen Evangelien die Zöllner und Sünder nennen, die «arm» waren, die darauf angewiesen waren, Steine zu Brot zu machen. Besonders bei diesen ging er viel herum.

Viele von diesen Menschen kannten ihn, da er schon ein-, zwei- oder dreimal als Jesus von Nazareth bei ihnen gewesen war. Damals lernten sie sein mildes, liebes und weises Wesen kennen. Denn solche großen Schmerzen, solch tiefes Leid, wie er durchlebt hatte seit seinem 12. Lebensjahr, wandeln sich zuletzt in die Zauberkraft der Liebe um, die vom Menschen in jedem Wort ausströmt, so wie wenn in seinen Worten noch eine geheimnisvolle Kraft waltete, die sich über die Umstehenden ausgießt. Wohin er kam, war er tief geliebt, und diese Liebe blieb zurück, wenn er wieder die Häuser verlassen hatte und weitergezogen war.

Viel sprach man in diesen Häusern von Jesus von Nazareth, der diese Orte durchwandert hatte. Und wie durch das Hereinwirken kosmischer Gesetzmäßigkeit geschah in diesen Häusern Folgendes. Ich erzähle hier Szenen, die sich zahlreich wiederholt haben, und die uns die hellsichtige Forschung zeigt.

Da war er in den Häusern noch wie gegenwärtig unter den Leuten, die nach der Arbeit zusammensaßen, wenn die Sonne untergegangen war, da redeten sie von dem Menschen, der als Jesus von Nazareth da gewesen war. Viel erzählten sie von seiner Liebe und Milde und von den Wonnegefühlen, die durch ihre Seelen gezogen waren, wenn dieser Mensch unter ihrem Dach lebte.

Und da geschah es, da eine Nachwirkung da war jener Liebe, die da ausströmte, dass in manchem dieser Häuser, wenn sie stundenlang von diesem Gast gesprochen hatten, wie durch eine Vision ihnen das Bild dieses Jesus von Nazareth in ihren Räumen entgegentrat. Er besuchte sie im Geist, sie schufen sein geistiges Bild.

Und jetzt, als er nach der Johannes-Taufe wiederkam, derselbe, aber mit leuchtenden Augen, mit verklärtem

Antlitz – welche Gefühle zogen durch ihre Herzen, wenn er jetzt wiederkam im Leib zu ihnen, nachdem er zu ihnen gekommen war im Geist! Welche Gefühle durchzogen die Herzen und Seelen derjenigen, die da geplagt waren von all den dämonischen Wesen, die krank und beladen und besessen waren! Was sie gefühlt haben, das können wir uns denken.

Jetzt zeigte sich die umgewandelte Natur des Jesus durch die Einwohnung des Christus. Früher hatten sie nur seine Liebe, seine Güte und Milde gefühlt, sodass sie nachher die Vision von ihm hatten. Jetzt aber ging von ihm etwas wie eine Zauberkraft aus. Hatten sie sich früher nur getröstet gefühlt durch seine Gegenwart, so fühlten sie sich jetzt geheilt durch ihn. Und sie gingen zu ihren Nachbarn, die ebenso bedrückt und von dämonischen Gewalten geplagt waren, und sie brachten sie zu dem Christus Jesus.

Und so geschah es, dass der Christus dasjenige bewirken konnte, was immer geschildert wird als Austreibung der Dämonen und Heilung der Kranken. Viele Dämonen von der Art, die er gefühlt hatte, als er sie gesehen hatte auf dem heidnischen Opferaltar, wichen jetzt von den Menschen. Denn so, wie Luzifer und Ahriman in ihm ihren Gegner sahen, so sahen auch die Dämonen in ihm ihren Gegner.

Und als er so durch die Lande zog, da musste er durch das Walten der Dämonen in den Menschen an damals denken, als er auf dem Opferaltar den Dienst nicht verrichten konnte. Er musste denken an die Bath-Qol, und insbesondere die mittlere Zeile des Gebetes kam ihm immer wieder in den Sinn: «Erlebet im täglichen Brote.» Jetzt sah er es: Diese Menschen müssen Steine zu Brot machen. Er sah: Unter ihnen sind viele, die nur von Brot allein leben müssen. Und dieses Wort aus jenem heidnischen Urgebet senkte sich tief in sein Wesen.

Er fühlte die ganze Einkörperung des Menschen in die physische Welt, und dass wegen dieser Notwendigkeit, wegen dieser Einkörperung, es innerhalb der Erdentwicklung so weit gekommen war, dass die Menschen die Namen der Väter in den Himmeln vergessen konnten, die Namen der Geister der Hierarchien, sodass jetzt keine Menschen mehr da waren, die hören konnten die Stimme der alten Propheten und die Botschaft der Zarathustra-Weisheit.

Jetzt wusste er, dass das Leben in dem täglichen Brot es ist, das den Menschen von den Himmeln getrennt hat und in den Egoismus hineingetrieben hat. Jetzt wusste er, dass dadurch die Menschen zu Ahriman getrieben worden sind.

Als er mit solchen Gedanken durch die Lande ging, da stellte sich heraus, dass diejenigen, die am tiefsten gefühlt hatten, wie der Jesus umgewandelt war, seine Jünger wurden und ihm folgten. Aus manchen der Herbergen nahm er diesen und jenen auf, der ihm jetzt folgte – deshalb, weil er im höchsten Maße die Gefühle hatte, die ich eben geschildert habe. Als eine Schar solcher Leute beisammen war, da hatte er Menschen um sich, die in einer Grundstimmung waren, die ganz neu war, die ganz anders war als diejenige Seelenstimmung, von der er seiner Mutter gesprochen hatte.

Und da leuchtete in ihm die Erdenerfahrung des Gottes auf: Ich habe den Menschen zu sagen, nicht wie die Götter den Weg zu ihnen hinab fanden, sondern wie die Menschen den Weg zu den Göttern hinauf finden können.

Und jetzt kam ihm die Stimme der Bath-Qol wieder in den Sinn. Jetzt wusste er, dass dieses alte Gebet erneuert werden muss, sodass die Menschen durch dieses Gebet den göttlichen Geist suchen können.

Da nahm er die letzte Zeile diesen alten Gebetes: «Ihr Väter in den Himmeln» und kehrte sie um, weil es jetzt so angemessen ist für den Menschen. Und er sagte: «Vater unser in den Himmeln».

Und die vorletzte Zeile, die er gehört hatte als die Mysterienzeile: «Und vergaß euren Namen» – er kehrte sie jetzt um in: «Geheiligt werde dein Name».

Und wie die Menschen fühlen müssen, die von unten hinaufsteigen wollen, die sich der Gottheit nahen wollen – da wandelte er um die alte Mysterienzeile: «Da der Mensch sich schied von eurem Reich» in: «Zu uns komme dein Reich».

Und die nachfolgende Zeile: «In dem nicht waltet der Himmel Wille» wandelte er für die Menschen so um, wie sie sie jetzt allein hören können. Eine völlige Umkehrung des Wesens muss stattfinden, die alten Zeilen können die Menschen nicht mehr hören. Und er kehrte sie um in: «Dein Wille geschehe, wie im Himmel so auf Erden».

Und das Geheimnis vom Brot, von der Einkörperung in den physischen Leib, das ihm jetzt durch den Stachel des Ahriman voll erschienen war, das wandelte er so um, dass die Menschen fühlen können, dass auch diese physische Welt aus der geistigen Welt kommt, wenn es der Mensch auch nicht unmittelbar sieht. Er kehrte das um in die Bitte: «Gib uns unser tägliches Brot».

Und ebenso kehrte er das Wort um: «Von Andern erschuldete Selbstheitschuld» in: «Vergib uns unsere Schuld».

Und auch diejenige Zeile, die die zweite war: «Zeugen sich lösender Ichheit», er kehrte sie um, indem er sagte: «Sondern erlöse uns»; und die erste Zeile: «Es walten die Übel» kehrte er um in das Wort: «von den Übeln».

So ist dasjenige, was das Christentum als das Vaterunser kennt, durch die Umkehrung dessen entstanden, was der Jesus einstmals als die umgewandelte Stimme der Bath-Qol gehört hatte am heidnischen Altar. Dieses Vaterunser ist entstanden aus dem uralten Mysteriengebet. In einer ähnlichen Weise entstand auch die Verkündigung der Bergpredigt.

In einer merkwürdigen Weise wirkte der Christus Jesus gerade auf seine Jünger. Ich bitte, wenn ich Ihnen, meine lieben Freunde, hiervon erzähle, immer im Auge zu behalten, dass ich unbefangen erzähle, was zu lesen ist in diesem Fünften Evangelium.

Als er so durch die Lande zog, da war seine Wirkung auf die Umgebung eine ganz eigentümliche. Er war da mit den Aposteln in Gemeinschaft. Aber es war, da er das Christus-Wesen war, als ob er gar nicht bloß in seinem Leib war.

Wenn er so mit den Leuten ging, da fühlte mancher der Jünger, als ob der Christus in seiner eigenen Seele wäre, wenn er auch neben ihm ging. Und der Jünger fing dann an, Worte zu sprechen, die der Christus selbst sprach. Denn er hatte alles, auch seine Weisheit, mit den Jüngern gemeinsam. Da ging diese Schar herum und traf Leute, und es wurde zu ihnen gesprochen. Und derjenige, der da sprach, war nicht immer der Jesus selbst.

Ich war im hohen Grad erstaunt, als ich gewahr wurde, dass zum Beispiel das Gespräch mit den Sadduzäern, von dem das Matthäus-Evangelium (22, 23-32) erzählt,[4]

---

4 Nach der 1984 revidierten Luther-Übersetzung: «An demselben Tage traten die Sadduzäer zu ihm, die lehren, es gebe keine Auferstehung, und fragten ihn und sprachen: Meister, Mose hat gesagt (5. Mose 25,5-6): ‹Wenn einer stirbt und hat keine Kinder, so soll sein Bruder die Frau heiraten und seinem Bruder Nachkommen erwecken.› Nun waren bei uns sieben Brüder. Der erste heiratete und starb; und weil er keine

gar nicht von dem Jesusleib gesprochen wurde, sondern von einem der Jünger.

Nicht nur diese Erscheinung war häufig, sondern wenn er seine Schar verließ, wenn er irgendwo weit weg war, dann wandelte er entweder geistig mit ihnen oder er war nur in seinem ätherischen Leib bei ihnen und wandelte so mit ihnen im Land umher. Und oft konnte man nicht unterscheiden, ob er den physischen Leib mit sich hatte, oder ob es nur die Erscheinung des ätherischen Leibes war.

So war der Verkehr der Jünger und des Christus miteinander und auch mit mancherlei Menschen aus dem Volk, die da erlebten, was ich schon angedeutet habe, nachdem der Jesus zum Christus Jesus geworden war.

Während der Christus in den ersten Zeiten verhältnismäßig unabhängig war von dem Leib des Jesus, musste er sich ihm später immer mehr anähneln. Und je mehr das Leben vorrückte, desto weniger konnte er hinausgehen aus ihm. Der tiefste Schmerz kam in dem letzten Jahr über ihn

---

Nachkommen hatte, hinterließ er seine Frau seinem Bruder; desgleichen der zweite und der dritte bis zum siebenten. Zuletzt nach allen starb die Frau. Nun in der Auferstehung: wessen Frau wird sie sein von diesen sieben? Sie haben sie ja alle gehabt. Jesus aber antwortete und sprach zu ihnen: Ihr irrt, weil ihr weder die Schrift kennt noch die Kraft Gottes. Denn in der Auferstehung werden sie weder heiraten noch sich heiraten lassen, sondern sie sind wie Engel im Himmel. Habt ihr denn nicht gelesen von der Auferstehung der Toten, was euch gesagt ist von Gott, der da spricht (2. Mose 3,6): ‹Ich bin der Gott Abrahams und der Gott Isaaks und der Gott Jakobs›? Gott ist nicht ein Gott der Toten, sondern der Lebenden. Und als das Volk das hörte, entsetzten sie sich über seine Lehre.»

von dem Gebundensein an diesen außerdem noch siech gewordenen Leib.

Aber es kam immer wieder vor, dass der Christus, der schon mit einer großen Schar umherzog, aus seinem Leib hinausging. Da wurde dann gesprochen, wenn die Schar an einen Ort kam, und da konnte man glauben, dass der, der da sprach, der Christus Jesus sei, oder dass das nicht der Christus Jesus sei. Der Christus sprach durch sie alle, solange sie in inniger Gemeinschaft mit ihm herumzogen.

Man kann einmal ein Gespräch belauschen, wie die Pharisäer und jüdischen Schriftgelehrten miteinander sprachen und zueinander sagten: Zum Abschrecken für das Volk könnte man einen Beliebigen herausgreifen aus dieser Schar und ihn töten. Aber es könnte der Falsche sein, denn alle sprechen sie gleich. Wir müssen aber den Richtigen haben.

Aber nur die Jünger selbst konnten einen Unterschied machen, diejenigen, die ihm schon näher getreten waren. Und die hätten gewiss nicht den Feinden sagen mögen, wer der Richtige ist.

Da war aber Ahriman stark genug geworden in Bezug auf die Frage, die übrig geblieben war, die der Christus nicht in der geistigen Welt abmachen konnte, sondern nur auf der Erde. Er musste durch die schwerste Tat erfahren, was die Frage bedeutet, Steine zu Brot zu machen oder, was dasselbe ist, Geld zu Brot zu machen. Ahriman bediente sich des Judas aus Kariot.

So wie der Christus wirkte – kein geistiges Mittel hätte es gegeben, um ausfindig zu machen, welcher der Christus war. Denn da, wo der Geist wirkt, da, wo auch noch das letzte von Überzeugungskraft wirken konnte, da konnte man dem Christus nicht beikommen. Nur da konnte man ihm beikommen, wo der Judas wirkte, wo derjenige war, der das Mittel anwendete, das der Christus nicht kannte.

Man hätte ihn nicht erkennen können durch etwas anderes als dadurch, dass sich einer im Dienst Ahrimans gefunden hat, der durch das Geld allein zu dem Verrat gekommen ist. Ahriman war mit dem Judas dadurch verbunden, dass jenes sich zugetragen hatte bei der Versuchungsgeschichte, dass der Christus, der eben herabgekommen war auf die Erde, noch nicht begriffen hatte, wie es nur für den Himmel richtig ist, dass man keine Steine zu Brot zu machen braucht.

Weil Ahriman das als seinen Stachel beibehalten hatte, geschah der Verrat. Und es musste der Christus unter die Herrschaft des Herrn des Todes kommen – Ahriman ist der Herr des Todes. So ist der Zusammenhang zwischen der Versuchungsgeschichte und dem Mysterium von Golgota mit dem Verrat des Judas.

Ich versuchte, durch diese herausgegriffenen Erzählungen Ihnen eine Vorstellung von dem zu geben, was das Fünfte Evangelium ist.

Im Laufe der Menschheitsentwicklung wird noch viel anderes aus ihm zutage treten. Es ist durch die Notwendigkeit unserer Zeit gefordert, in der Gegenwart schon davon zu sprechen, und ich möchte es Ihnen, meine lieben Freunde, ans Herz legen, dasjenige, was gesagt werden durfte, in pietätvoller Weise zu behandeln.

Wir haben heute genug Feinde. Ich übergebe Ihnen dieses Fünfte Evangelium in dem Vertrauen, dass es nicht zu denjenigen hinauskommt, die es vielleicht verhöhnen und verspotten. Der Geist der Wahrheit muss in uns leben, wenn wir diese Dinge verkündigen, aber die Menschen draußen ahnen nichts von diesem Geist.

Leicht ist es mir nicht geworden, über diese Dinge zu Ihnen zu sprechen. Ich bitte Sie, diese Dinge so zu nehmen, dass Sie sich klar darüber sind, dass sie, außerhalb dargestellt, missverstanden werden und üble Gegnerschaft hervorrufen müssen.

Aber es gibt einen Standpunkt, unter dem man sich verpflichtet fühlt, von diesen Dingen einiges mitzuteilen. In unserer Zeit ist für zahlreiche Seelen ein erweitertes Christus-Verständnis notwendig, ein erweiterter Ausblick auf dasjenige, was in Palästina geschehen ist.

Und ein anderer Gesichtspunkt, der es jetzt zur Pflicht macht, etwas mitzuteilen über diese Dinge, ist der, dass gerade okkulte Einsicht darüber jetzt erworben werden kann mit der ganzen Gesinnung, die aus der Geisteswissenschaft fließt. Der Geistesforscher weiß, dass solche Erkenntnisse unendlich tragend und gesundend für die Menschenseele sind – immer wieder dasjenige zu betrachten, was als zugehörig zu unserer Erdentwicklung angesehen werden muss.

Ich weiß, dass diese Betrachtungen Ihnen, meine lieben Freunde, eine Hilfe sein können, wenn sich Ihre Seele kraftlos und schwach fühlt in trüben Stunden. Dann erinnern Sie sich an dasjenige, was gesagt wurde und was konkret zusammenhängt mit dem Christus-Leben.

Man kann mit okkultem Blick diese Dinge auch heute erforschen. Und so suchte ich, Ihnen dasjenige zu geben, was sich aus der Akasha-Chronik ergibt als eine Art Fünftes Evangelium. Es ist dieses Fünfte Evangelium in keiner anderen Weise entstanden als die vier anderen Evangelien. Diese sind auch hinterher geschrieben aus den Impressionen, die die Schreiber aus der Betrachtung der Akasha-Chronik heraus hatten. Wir leben heute in einem Zeitalter, wo sich in ganz besonderem Maße das Wort des Christus Jesus erfüllt: «Ich bin bei euch alle Tage bis ans Ende des Weltentages.»

In solchen Zeiten steht er uns besonders nah und spricht zu uns in besonderer Weise über die Ereignisse, die damals, als er in Palästina lebte, über die Erde dahingezogen sind.

Haager Vortrag

Die Lehre des Auferstandenen

Tod und Auferstehung des Menschendenkens

Den Haag, 13. April 1922

Meine lieben Freunde!

Es ist mir eine große Befriedigung, dass an die anderen Vorträge noch dieser Zweigvortrag angeschlossen werden kann. Und ich darf betonen, dass es mir immer eine gewisse Genugtuung ist, wenn sich jene ältere Strömung der *anthroposophischen Bewegung,* die sich in den Zweigen auslebt, neben der heute mehr in der Öffentlichkeit sich abspielenden Strömung geltend machen kann.

Wenn ich das einleitend jetzt zu Ihnen sagen darf, so ist es, weil es in dem gegenwärtigen Augenblick notwendig ist, sich bewusst zu werden, dass die anthroposophische Bewegung in der letzten Zeit auf mehreren Gebieten, wo sie wirkt, eine Art Wandlung durchgemacht hat. Diese Wandlung wird nicht immer richtig beurteilt.

Während durch viele Jahre hindurch die anthroposophische Bewegung mehr eine interne Angelegenheit der Anthroposophischen Gesellschaft war, ist sie in der letzten Zeit öffentlicher geworden.

Man wird über diese größere Öffentlichkeit nur dann ein richtiges Urteil gewinnen, wenn man sich klar macht, dass diese Öffentlichkeit nicht herbeigeführt worden ist durch die ältere Strömung der anthroposophischen Bewegung, sondern dass sie hervorgegangen ist aus den Forderungen des heutigen öffentlichen Lebens selbst.

Es wird heute von vielen Menschen für die Befriedigung ihrer Seelen, sogar für die Befriedigung ihrer wissenschaftlichen Bedürfnisse nach etwas verlangt, was nach unserer Überzeugung nur von dieser anthroposophischen Bewegung kommen kann. Es ist also die Erfüllung von Forderungen, die von außen gestellt werden – und damit sieht man hin auf ein wichtiges Kennzeichen unserer Zeit. Man sollte auf dieses Kennzeichen deutlich hinschauen.

Die Menschen sind sich dessen nicht immer voll bewusst, aber sie verlangen in den tiefen, unterbewussten Gebieten ihres Seelenlebens nach einer geistigen Weltanschauung und auch nach Kräften, die für ihr Fühlen und Wollen aus solch einer geistigen Weltanschauung kommen.

Und es wäre für die nächste Zeit eine Art unberechtigter Egoismus, wenn man die anthroposophische Bewegung innerhalb eines sektiererischen Strebens abgeschlossen halten wollte. Einfach aus den Beobachtungen der Zeitverhältnisse heraus ist zu sehen: Es liegt die Verpflichtung vor, diese anthroposophische Bewegung vor eine größere Öffentlichkeit zu tragen.

Das mag viele unserer älteren Freunde vielleicht nicht voll befriedigen. Ich weiß, wie viele es gibt, die gern die anthroposophische Bewegung als etwas Abgeschlossenes halten wollen. Allein, man würde seine Verpflichtungen gegenüber der Weltentwicklung nicht erfüllen, wenn man nicht sehen würde, dass für die nächste Zeit dies nicht wird eingehalten werden können.

Ich wollte diese Worte vorausschicken, damit keine Unklarheit ist über das Verhältnis der Zweigbewegung zu dem, was für eine größere Öffentlichkeit heute angestrebt werden muss.

Wir können immer, gerade wenn wir zu unserer Befriedigung Zweigversammlungen haben, auf dasjenige hinweisen, was vor allen Dingen der ältere Anthroposoph gern haben möchte von der anthroposophischen Bewegung. Man wird nur eines berücksichtigen müssen: Eine gewisse Kluft wird sich aufrichten zwischen der elementaren Art, zu arbeiten, die heute der Öffentlichkeit gegenüber die richtige ist, und dem, was dann in den Zweigen zu leisten sein wird. Aber wir sollten aus unserer Zugehörigkeit zur anthroposophischen Bewegung als ältere Anthroposophen die Fähigkeit haben, diese Kluft in der richtigen Weise zu beurteilen.

Meine lieben Freunde! So wenig das von der breiten Öffentlichkeit eingesehen wird – wir sind verpflichtet, da, wo wir Anthroposophie vor dieser breiten Öffentlichkeit vertreten, aus dem wissenschaftlichen Urteil, aus den wissenschaftlichen Gepflogenheiten heraus diese Anthroposophie zu begründen. Man muss von der Sprache dieser Wissenschaft ausgehen. Dadurch gewinnt natürlich die öffentliche Arbeit einen elementaren Charakter.

Und wollte man ganz systematisch arbeiten, so müsste man wiederum vermittelnde Zweigversammlungen haben, die die Kluft ausfüllen, die dasjenige, was in der Öffentlichkeit geleistet wird, zu der mehr esoterischen Arbeit hinüberarbeiten, die in den Zweigen geleistet wird. Natürlich kann das nicht alles, wenigstens nicht auf einmal, gemacht werden. Daher müssen wir diese Kluft bestehen lassen.

Unsere jüngeren, ich meine als Anthroposophen jüngeren Freunde, die sich in energischer Weise der wissenschaftlichen Begründung der Anthroposophie gewidmet haben, die haben, wenn ich mich so ausdrücken darf, alle Hände voll zu tun, um diese wissenschaftliche Begründung nach allen Seiten zu leisten. Und soll nicht die alte Zweigarbeit vollständig entfallen, dann muss vorläufig die Verbindungsbrücke ungebaut bleiben zwischen dieser elementaren, exoterischen Arbeit und der mehr esoterischen Arbeit.

Wir müssen uns dieser Kluft bewusst sein, denn sonst könnte sehr leicht der Eindruck entstehen, dass man nach außen wissenschaftlich arbeiten will, und dass nach innen alle mögliche fantastische Willkür herrscht. Davon kann nicht die Rede sein, sondern das, was an Esoterik heute vor ältere Mitglieder der anthroposophischen Bewegung getragen wird, das ist gut begründet in der Fortsetzung dessen, was vor der Öffentlichkeit geleistet wird.

Aber es ist die angedeutete Kluft vorhanden. Das wird man insbesondere fühlen, wenn gesprochen werden soll über solche Dinge wie diejenigen, die ich heute vor Ihnen auseinandersetzen will – obwohl für jemand, der herausgegangen ist aus den Vorträgen dieser Tage, die nach allen Seiten versuchen, im gewohnten Sinne der Wissenschaft zu beweisen, und der in den heutigen Vortrag tritt, die Kluft sehr deutlich wahrnehmbar sein wird. Aber die Kluft kann angefüllt oder überbrückt werden. Wir müssen uns nur bewusst machen, dass die Tatsachen so liegen.

Dasjenige, worüber ich Ihnen heute sprechen möchte, das ist eine gewisse Seite des Mysteriums von Golgota, über das ich öfter gerade in intimeren anthroposophischen Versammlungen gesprochen habe. Allein dasjenige, was zu sagen ist über dieses Mysterium von Golgota, ist etwas so Ausgebreitetes, gehört einem so weiten und reichen Gebiet an, dass man immer neue Seiten dieses größten Geheimnisses der menschlichen Erdentwicklung wird beleuchten müssen, um sich von den verschiedensten Seiten her diesem Mysterium von Golgota zu nähern.

Man wird das Mysterium von Golgota nur dann in der richtigen Weise würdigen, wenn man sich die ganze Menschheitsentwicklung, die diesem Mysterium von Golgota vorangegangen ist, und die andere Menschheitsentwicklung, die ihm schon nachgefolgt ist oder während des Restes der Erdenzeit noch nachfolgen wird, wenn man sich diese zwei Entwicklungsströmungen des menschlichen Erdendaseins vor das Seelenauge stellt.

Wir müssen uns klarmachen, dass am Anfang des Erdenwerdens – das heißt an dem Anfang, von dem man schon so sprechen kann, dass eine Art von Denken, wenn auch ein träumendes, ein träumend-imaginatives Denken schon vorhanden war, dass, wenn man von diesen älteren Zeiten der menschheitlichen Erdentwicklung spricht, man sich klar darüber sein muss, dass da die Menschen Fähigkeiten hatten, durch die sie in Verkehr mit Wesen einer übergeordneten Weltenordnung treten konnten.

Sie kennen aus meiner *Geheimwissenschaft* und aus anderen Darstellungen, welcher Art diese Wesen der höheren Hierarchien sind. Heute ist es für das gewöhnliche Bewusstsein des Menschen so, dass er von diesen Wesen der höheren Hierarchien nicht weiß, dass sein Verkehr mit ihnen abgeschnitten ist. Das war nicht so in den älteren Zeiten der Menschheitsentwicklung.

Es wäre falsch, wenn man sich vorstellen würde, dass die Begegnung mit einem solchen Wesen der höheren

Hierarchien in diesen alten Zeiten so war, wie wenn sich heute zwei Menschen begegnen, die im physischen Leib verkörpert sind. So war das nicht, es war ein ganz anderer Verkehr. Man konnte mit geistigen Organen auffassen, was diese Wesen in der Ursprache dem Menschen mitteilten.

Und dasjenige, was diese Wesen dem Menschen mitteilen konnten, es waren gewaltige Geheimnisse des Daseins. Es waren Geheimnisse des Daseins, die in das menschliche Gemüt der damaligen Zeit hineinflossen und in dem Menschen das Bewusstsein hervorriefen: Nach oben hin, nach jener Seite hin, nach der wir heute nur Wolken und Sterne sehen, steht das irdische Dasein in Zusammenhang mit Götterwelten.

Mitglieder dieser Götterwelten stiegen auf geistige Weise zu den Erdenmenschen herunter und offenbarten sich ihnen so, dass die Menschen dasjenige, was man *Urweisheit* nennen kann, durch die Vermittlung dieser überirdischen Wesen erhielten. Innerhalb dieser Offenbarung der Urweisheit, die diese Wesen gaben, war unendlich viel von dem enthalten, was die Menschen in ihrem Erdenleben von sich aus nicht hätten ergründen können.

Am Anfang des Erdenwerdens, so wie ich es hier meine, konnten die Menschen herzlich wenig von sich aus ergründen. Dasjenige, was in ihnen als eine Anschauung, ein anschauendes Wissen entzündet wurde, das erhielten sie von ihren göttlichen Lehrern.

Diese göttlichen Lehren, sie enthielten vieles, aber eines enthielten sie nicht, das für die damaligen Menschen auch nicht notwendig war, das aber für die gegenwärtige Menschheit zu den wichtigsten Bestandsstücken der Erkenntnis gehört. Die göttlichen Lehrer sprachen zu den Menschen von den allerverschiedensten Wahrheiten und Erkenntnissen, aber sie sprachen ihnen niemals von dem, was den beiden Grenztatsachen des menschlichen Erdenlebens zugrunde liegt, sie sprachen ihnen niemals von *Geburt und Tod.*

Es kann natürlich heute in der kurzen Zeit nicht meine Aufgabe sein, von all dem zu sprechen, von dem die göttlichen Lehrer dem Menschengeschlecht in jenen alten Zeiten gesprochen haben. Aber ich möchte scharf betonen, dass unter diesen Lehren keine waren über Geburt und Tod, und zwar aus dem Grund, meine lieben Freunde, weil die Menschen jener älteren Zeiten und noch lange im Verlauf der menschlichen Erdentwicklung die Weisheiten über Geburt und Tod nicht zu wissen brauchten.

Das ganze Bewusstsein der Menschen hat sich verändert im Laufe der Erdentwicklung. Und obwohl wir niemals gleichstellen dürfen das tierische Bewusstsein, auch nicht das höhere tierische Bewusstsein von heute mit dem, was das menschliche Bewusstsein in alten Zeiten war, so können wir uns doch Anhaltspunkte aus dem heutigen Tierleben vor Augen stellen, das unter dem Niveau des

Menschlichen liegt, während das Anfangsleben des primitiven Menschen über dem Niveau des heutigen Menschlichen lag, obwohl er gegenüber dem heutigen Menschen eine Art tierische Gestalt hatte.

Wenn wir das Tier heute mit unbefangenem Blick betrachten, so werden wir uns sagen: Dieses Tier hat kein «Interesse», wenn es im mittleren Lebenszustand ist, an Geburt und Tod. Wenn wir von der Geburt absehen, brauchen wir nur daran zu denken, mit welcher Sorglosigkeit, mit welcher Interesselosigkeit das Tier dem Tod entgegenlebt.

Das Tier lässt den Tod über sich ergehen, nimmt diese Verwandlung seines Daseins, das heißt den Übergang vom individuellen Dasein zum Gruppenseelendasein, einfach hin, ohne einen tiefen Einschnitt im Leben dadurch zu gewahren, wie es beim menschlichen Wesen der Fall ist.

Nun, wie gesagt, in gewisser Beziehung stand der Urmensch der Erde über dem Tier, er hatte ein instinktives Hellsehen, und durch dieses instinktive Hellsehen konnte er mit seinen göttlichen Lehrern in Verkehr treten. Aber er hatte, ebenso wie das heutige Tier, kein Interesse an dem Herankommen des Todes. Er dachte nicht daran, den Tod besonders ins Auge zu fassen. Warum?

Er hatte in sich, in seinem instinktiven Hellsehen, ein deutliches Erlebnis von dem, was ihm zurückgeblieben war, nachdem er durch die Geburt aus der geistigen Welt heruntergestiegen war in die physische Welt. Er kannte das in seinem eigenen Wesen, was in seinen physischen Leib eingezogen war. Und da er das kannte, da er genau wusste: In mir lebt ein Ewiges, so interessierte ihn nicht jene Verwandlung, die sich mit dem Tod vollzieht. Sie kam ihm höchstens vor, wie das Ablegen der Haut der Schlange vorkommen muss, wenn sie diese abgelegte Haut wieder durch eine neue ersetzt. Es war etwas Selbstverständliches, nicht so vehement ins menschliche Leben Einschlagendes, was da als Eindruck von Geburt und Tod vorlag. Die Menschen hatten noch eine starke Anschauung von dem Seelischen.

Heute haben die Menschen keine Anschauung von dem Seelischen. Heute ist auch ein stark bemerkbarer Übergang vorhanden zwischen Schlafen und Wachen. Der Traum liegt mit seinen Bildern heute auf der Seite des Schlafzustandes. Er ist noch ein halber Schlaf, während dasjenige, was die Urmenschen in traumartigen Bildern erhielten, ins Wachen hineinfiel, ein nicht voll gestaltetes Wachen war. Der Mensch wusste: Dasjenige, was er in diesen Traumbildern erhält, ist Wirklichkeit. So fühlte und erlebte er sein Seelisches. Und er konnte gar nicht in der Stärke, mit der es heute geschehen muss, die Fragen nach Geburt und Tod aufwerfen.

Dieser Zustand war in den ältesten Zeiten der menschlichen Erdentwicklung ganz besonders stark, aber er nahm mehr und mehr ab. Die Menschen bemerkten nach und nach immer mehr, dass das Sterben einen starken Einschnitt in das menschliche Leben macht, auch in das seelische Leben. Und von da aus wiederum mussten sie den Blick auf das Geborenwerden wenden.

Das Erdenleben nahm mit Bezug auf diesen Unterschied einen Charakter an, der für die Menschen immer wichtiger wurde, weil ihnen daneben das Leben im seelischen Dasein mehr und mehr verblasste, weil sie sich immer mehr aus dem seelisch-geistigen Dasein herausgehoben fühlten, während sie auf der Erde weilten. Und das wurde immer stärker, je mehr die Menschen dem Mysterium von Golgota entgegenlebten.

Bei den Griechen war das schon so stark, dass sie das Leben außerhalb des physischen Leibes überhaupt wie ein Schattenleben für den Menschen empfanden, dass sie auf den Tod wie auf eine «Tragödie» hinschauten. Aber dasjenige, was die Menschen als Lehren ihrer ältesten göttlichen Lehrer hatten, das verbreitete sich nicht über das Geborenwerden und Sterben.

Die Menschen waren vor dem Mysterium von Golgota der Gefahr ausgesetzt, dass Erlebnisse eintreten sollten in ihr Erdenleben, dass die Anschauung von Erlebnissen hereintreten sollte in ihr Erdenbewusstsein, die sie nicht verstanden hätten, die ihnen wie etwas ganz Unbekanntes gewesen wären.

Nun stellen wir uns vor, meine lieben Freunde, zur Zeit des Mysteriums von Golgota wären jene älteren göttlichen

Lehrer der Menschheit herabgestiegen und hätten sich einigen durch die Mysterien besonders vorbereiteten Schülern oder Lehrern der Menschheit offenbaren können, hätten vorbereiteten Mysterienpriestern den Umfang der alten göttlichen Weisheit mitteilen können – es wäre innerhalb des weiten Umfangs dieser Lehre nichts über Geburt und Tod gewesen. Das Todesrätsel wäre innerhalb dieser göttlich geoffenbarten Weisheit gar nicht an die Menschen herangebracht worden, auch in den Mysterien nicht.

Und draußen im Erdenleben wäre für die Menschen etwas beobachtbar gewesen, das Geborenwerden und das Sterben, was für sie wichtig, was von fundamentalem Interesse gewesen wäre, und die Götter hätten ihnen nichts darüber gesagt! Warum?

Auf diese Sache müssen wir mit Vorurteilslosigkeit schauen. Wir müssen manche von den Vorstellungen ablegen, die heute traditionelle Religion geworden sind. Wir müssen uns klar werden über das Folgende.

Diejenigen Wesen der höheren Hierarchien, die die göttlichen Lehrer des Urmenschen waren, die hatten in ihren Welten Geburt und Tod niemals erlebt. Denn Geburt und Tod in der Form, wie sie auf der Erde erlebt werden, werden nur auf der Erde erlebt, und zwar nur vom Menschen auf der Erde erlebt.

Der Tod des Tieres und der Tod der Pflanze sind etwas ganz anderes als der Tod des Menschen. Und in den Götterwelten, in denen die ersten großen Lehrer der menschlichen Entwicklung lebten, da gibt es nicht Geburt und Tod, da gibt es nur Verwandlung, Metamorphose von einem Dasein in das andere, sodass ein innerliches Verständnis für das Sterben und Geborenwerden bei diesen göttlichen Lehrern gar nicht vorhanden war.

Und zu diesen göttlichen Lehrern gehört die ganze Schar derjenigen, die mit dem Jahve-Wesen, mit den Bodhisattwa-Wesen und mit all den älteren Begründern von menschlichen Weltanschauungen in einem Zusammenhang stehen.

Machen wir uns nur einmal klar, wie zum Beispiel gerade im Alten Testament mit einer gewissen Tragik das Todesgeheimnis immer mehr vor den Menschen hintritt, und wie all dasjenige, was als Lehre im Alten Testament übermittelt wird, dem Menschen keinen genügenden inneren Aufschluss über den Tod gibt.

Wenn nichts anderes geschehen wäre, als was im Bereich der Erde und der mit der Erde zusammenhängenden Überwelten vor dem Mysterium von Golgota geschehen ist, wenn dieses nicht gekommen wäre, hätten die Menschen in ihrer Erdentwicklung vor einer furchtbaren Lage gestanden. Sie hätten auf der Erde die Übergänge von Geburt und Tod erlebt, die sich jetzt anders als eine bloße Metamorphose dargestellt hätten, die sich jetzt als schroffer Übergang im gesamten Leben des Menschen dargestellt hätten, und sie hätten nichts erfahren können von der Bedeutung des Todes und der Geburt im menschlichen Erdenleben.

Damit in die Menschheit hinein auch eine Lehre über Geburt und Tod kommen konnte, musste sich dasjenige Wesen in das Erdenleben einleben, das wir als den «Christus» bezeichnen, als den Christus, der jenen Welten angehört, aus denen auch die älteren Lehrer gekommen sind, der aber aus dem Ratschluss dieser Götterwelten heraus sich ein anderes Schicksal auserwählte als die anderen Wesen der mit der Erde zusammenhängenden Götterhierarchien. Er fügte sich dem göttlichen Ratschluss höherer Welten, in einem Menschenleib sich zu verkörpern, um mit der eigenen göttlichen Seele durch Erdengeburt und Erdentod hindurchzugehen.

Sie sehen also, meine lieben Freunde: Dasjenige, was mit dem Mysterium von Golgota geschehen ist, das ist nicht bloß eine menschliche oder irdische Angelegenheit, das ist zugleich eine Götterangelegenheit.

Durch dasjenige, was auf Golgota geschehen ist, haben die Götter das Geburts- und Todesgeheimnis auf der Erde erst innerlich kennengelernt, denn früher haben sie es nicht mitgemacht. Sodass wir das Bedeutsame vorliegen haben, dass ein göttliches Wesen den Entschluss gefasst hat, auf diesem Gebiet durch Menschenschicksal hindurchzugehen, um mit dem Menschen gleiche irdische Erlebnisse, gleiche Schicksale zu haben.

Nun, meine lieben Freunde, von dem Mysterium von Golgota ist den Menschen mancherlei bekannt geworden. Eine Tradition ist da, die Evangelien sind da, das ganze Neue Testament ist da. Und die heutige Menschheit nähert sich dem Mysterium von Golgota vorzugsweise dadurch, dass sie durch das Neue Testament und durch die heute mögliche Erklärung des Neuen Testamentes hindurchgeht. Aber man bekommt, so wie die Erklärung des Neuen Testamentes heute getrieben wird, sehr wenig Einsicht in das Mysterium von Golgota.

Es ist notwendig, dass die heutige Menschheit durch diese auf äußerliche Art zu erlangende Erkenntnis hindurchgeht, aber es ist nur eine äußerliche Erkenntnis. Man weiß heute gar nicht, wie ganz anders die Menschen zurückgeschaut haben in den ersten Jahrhunderten nach dem Mysterium von Golgota – diejenigen, die eingeweiht waren in dieses Mysterium von Golgota –, wie anders sie zurückgeschaut haben zu diesem Mysterium von Golgota, als die Späteren das konnten.

Zu der Zeit des Mysteriums von Golgota, wenn auch alles das geschehen ist, was ich auseinandergesetzt habe, waren noch Reste eines alten, instinktiven Hellsehens bei einzelnen Menschen vorhanden – Reste nur, aber sie waren vorhanden, diese Reste –, durch die man bis zum 4. nachchristlichen Jahrhundert zu diesem Mysterium von Golgota in ganz anderer Weise als später zurückschauen konnte.

Es ist nicht umsonst, dass diejenigen, die als Lehrer dann aufgetreten sind – man kann das, obwohl nur sehr mangelhaft, aus den geschichtlichen Überlieferungen der ältesten Kirchenväter und christlichen Lehrer feststellen –, dass diese so aufgetreten sind, dass sie mehr als auf alle schriftlichen Überlieferungen darauf Wert gelegt haben, dass sie die Kunde von dem Wandel des Christus Jesus empfangen haben von solchen Lehrern, die ihn noch von Angesicht zu Angesicht gesehen haben, oder die wiederum in den ältesten Zeiten Schüler waren von Apostelschülern, oder später Schüler von Schülern der Apostelschüler, und so weiter.

Die Sache ging bis in das 4. nachchristliche Jahrhundert. Und so berief man sich darauf, dass überall noch ein lebendiger Zusammenhang war für diejenigen, die im 4. nachchristlichen Jahrhundert lehrten. Wie gesagt, die geschichtlichen Dokumente sind größtenteils ausgetilgt, und derjenige, der das Übriggebliebene aufmerksam studiert, kann noch auf äußerliche Weise darauf kommen, wie Wert gelegt worden ist darauf: Ich habe einen Lehrer gehabt, der hat einen Lehrer gehabt, und so weiter – und an das Ende der Reihe stellte man einen Apostel, der noch «den Herrn» selbst von Angesicht zu Angesicht geschaut hatte.

Von dem ist außerordentlich viel verloren gegangen, aber noch mehr ist verloren gegangen von den esoterischen Weistümern, die dank der Reste der alten, hellsichtigen

Einsichten noch vorhanden waren in den ersten vier christlichen Jahrhunderten. Verloren gegangen für die äußere Tradition ist nahezu alles, was man damals gewusst hat über den *auferstandenen Christus,* über denjenigen Christus, der durch das Mysterium von Golgota durchgegangen war und dann in einem Geistleib einzelne der auserwählten Schüler nach seiner Auferstehung unterrichtet hat so wie die älteren Lehrer die Urmenschheit.

Es wird durch die Evangelien angedeutet – aber auch da in notdürftiger Weise, bei der Begegnung des Christus Jesus mit den Jüngern, die nach Emmaus gingen und so weiter –, wie wichtig die Lehren sind, die der Auferstandene seinen Jüngern gegeben hat. Und schließlich ist auch das Paulus-Erlebnis bei Damaskus von Paulus selbst als eine Unterweisung gemeint, die der Auferstandene ihm gegeben hat, wodurch dann aus dem Saulus ein Paulus geworden ist.

Man hat in jenen älteren Zeiten ein Bewusstsein davon gehabt, dass der auferstandene Christus den Menschen ganz besondere Mysterien mitgeteilt hat. Es lag nur an den Menschen, dass sie sie später nicht mehr haben konnten, diese Mitteilungen. Die Menschen mussten jene Seelenkräfte ausbilden, die zum Gebrauch des menschlichen Intellekts und der menschlichen Freiheit führten. Besonders stark tritt das seit dem 15. Jahrhundert auf, vorbereitet wurde es aber schon seit dem 4. nachchristlichen Jahrhundert.

Die Frage muss nun entstehen: Welches war denn der Inhalt der Lehren, die der auferstandene Christus seinen auserwählten Schülern geben konnte.

Erschienen war er ihnen auf dieselbe Weise, wie die göttlichen Lehrer der Urmenschheit erschienen waren. Aber sagen konnte er ihnen jetzt, wenn ich es so ausdrücken darf, sagen konnte er ihnen in der Göttersprache dasjenige, was er erlebt hatte und was seine anderen Göttergenossen nicht erlebt hatten.

Sagen konnte er ihnen von seinem göttlichen Gesichtspunkt aus etwas über das Geheimnis der Geburt und des Todes. Beibringen konnte er ihnen, dass für den Erdenmenschen in der Zukunft ein solches tagwaches Bewusstsein eintreten wird, das das Ewige der Seele im Menschenleben nicht unmittelbar wahrnehmen kann. Das ist im Schlaf ausgelöscht, sodass auch im Schlaf dieses Ewig-Seelische nicht vor das Seelenauge tritt.

Aber er konnte darauf aufmerksam machen, dass es möglich ist, das Mysterium von Golgota in die menschliche Anschauung einzubeziehen. Klar machen konnte er ihnen das, was ich in die folgenden Worte kleiden möchte – es sind schwache, stammelnde Worte, in die ich es kleiden kann, weil unsere Sprachen es nicht mehr hergeben, aber ich will versuchen, es in solche schwachen, stammelnden Worte zu kleiden:

Der menschliche Leib ist nach und nach so dicht geworden, die Todeskräfte sind in ihm so stark geworden, dass der Mensch seinen Intellekt und seine Freiheit ausbilden kann. Das kann man aber nur in einem Leben, das deutlich durch den Tod geht, in dem der Tod einen deutlichen Einschnitt bildet, in dem ausgelöscht ist während des Wachbewusstseins der Hinblick auf das Ewige der Seele. Aber aufnehmen könnt ihr in eure Seelen die Weisheit, dass sich durch das Mysterium von Golgota in meinem Wesen etwas vollzogen hat, von dem ihr euch selbst erfüllen könnt, wenn ihr euch zu der Einsicht aufschwingen könnt,

- dass der Christus aus außerirdischen Sphären zu den Erdenmenschen heruntergekommen ist,
- dass es etwas gibt, was nicht mit Erdenmitteln angeschaut werden kann, was nur mit höheren Mitteln als den Erdenmitteln angeschaut werden kann,
- dass das Mysterium von Golgota ein Götter-Ereignis ist, in das Erdenleben hereingestellt, dass ein Gott durch das Mysterium von Golgota durchgegangen ist.

Ihr könnt durch alles andere, was sich auf der Erde vollzieht, irdische Weisheit erringen. Diese würde euch aber nicht nützen, den Tod zu verstehen, sie würde euch nur dann nützen, wenn ihr euch ebenso wie die älteren Menschen nicht in intensiver Weise für den Tod interessieren würdet. Da ihr euch aber dafür interessieren müsst, so müsst ihr in eure Seele eine Einsichtskraft aufnehmen, die stärker ist als alle irdische Einsichtskraft, die so stark ist, dass sie sich sagen kann: Mit dem Mysterium von Golgota ist etwas geschehen, was alle irdischen Naturgesetze durchbrochen hat. Wenn ihr in euer Denken nur das aufnehmen könnt, was irdische Naturgesetze sind, so werdet ihr den Tod sehen, aber ihr werdet ihn niemals in seiner Bedeutung für das menschliche Leben erfassen können. Wenn ihr euch aber zu der Einsicht aufschwingen könnt, dass die Erde einen Sinn erst damit bekommen hat, dass in der Mitte der Erdentwicklung mit dem Mysterium von Golgota etwas Göttliches vorgegangen ist, was nicht mit irdischen Einsichtsmitteln verstanden werden kann, dann bereitet ihr damit eine stärkere Einsichtskraft, eine Glaubens-Weisheitskraft (Pistis Sophia). Denn es ist eine stärkere Kraft der Seele, wenn man sagt: Ich glaube etwas, ich weiß durch den Glauben etwas, was ich niemals mit Erdenmitteln glauben und wissen könnte. Es ist eine stärkere Kraft, als wenn man sich nur zuschreibt, dasjenige zu wissen, was mit Erdenmitteln ergründet werden kann. Derjenige Mensch ist schwach, und würde er auch alle Wissenschaft der Erde bekommen, der nur dasjenige zugeben kann in seiner Weisheit, was mit Erdenmitteln erhalten werden kann. Derjenige Mensch muss eine stärkere innere Tätigkeit entwickeln, der zugeben will, dass Überirdisches im Irdischen lebt.

Ein Ansporn, eine solche innere Tätigkeit zu entwickeln, liegt in dem Hinblicken auf das Mysterium von Golgota.

Und immer wieder in neuen Variationen wurde diese Lehre verkündigt, dass ein Gott durch Menschenschicksale gegangen ist und sich durch diese Menschenschicksale mit dem Erdenschicksal verbunden hat – immer wieder wurde das den ursprünglichen Schülern von dem auferstandenen Christus verkündigt.

Und eine große Gewalt übte das aus. Machen wir uns nur einmal klar, was für eine Gewalt das ausüben kann.

Wenn man aus den Verhältnissen von heute einem Menschen zumutet: Ja, du kannst alles dasjenige begreifen, was du in deinem Denken dir herausgeholt hast aus den irdischen Verhältnissen und auch aus den traditionellen religiösen Vorstellungen, dann erhebt man weniger Anspruch als bei einem solchen Menschen, dem man zumutet, er soll sich mit seiner Einsicht dazu aufschwingen, dass gewisse

Götterkategorien bis zum Mysterium von Golgota eine Weisheit vom Tod und von der Geburt gar nicht gehabt haben, sondern sich da erst diese Weisheit zum Heil der Menschen angeeignet haben.

Es gehört eine stärkere Kraft dazu, um sich in die göttliche Weisheit hineinzumischen.

Es gehört keine besondere Kraft dazu, sich aus irgendeinem Katechismus vortradieren (vorsagen) zu lassen: Gott ist allwissend, allmächtig, allgegenwärtig und so weiter. Man braucht vor alles nur das Wörtchen «all» zu stellen, und man hat dann die Definition des Göttlichen fertig – aber in möglichst nebulosem Zustand. Es wagen die Menschen heute nicht, sich in Götterweisheit hineinzumischen. Das muss aber geschehen.

Und eine solche Götterweisheit ist diejenige, die sich die Götter selbst angeeignet haben dadurch, dass einer der ihrigen durch Menschengeburt und Menschentod hindurchgegangen ist. Und dass das als Geheimnis den ersten Schülern anvertraut worden ist, das ist das ungeheuer Wichtige. Und das weitere ungeheuer Wichtige, das sich daran anschloss, das ist das andere, dass diesen Schülern klargemacht wurde: Im Menschen lebte einstmals die Kraft, Einsicht zu haben in das Ewige seiner Seele selbst.

Meine lieben Freunde! Diese Einsicht in das Ewige der Menschenseele, man kann sie niemals durch das Hirnwissen bekommen, das heißt durch dasjenige intellektuell-denkerische Wissen, das sich des Gehirns als Instrument bedient. Man kann sie nicht bekommen, wenn einem nicht wie der älteren Menschheit die Natur zu Hilfe kommt durch dasjenige Wissen, das man durch eine besondere Ausbildung des rhythmischen Systems des Menschen erlangen kann.

Der Yogi erlangte viel, als ihm das alte, instinktive Hellsehen noch beistand, als die letzten instinktiven Hellseher noch Yoga ausübten. Der heutige Morgenländer, auf den heute in so fantastischer Weise zahlreiche Abendländer schauen, wenn er seine Übungen macht, er erlangt so nicht dasjenige, was eine Anschauung des ewigen Wesens der Menschenseele ist. Er lebt in der Illusion, dass er das erlebt, wenn es auch ein elementares Erlebnis ist. Er interpretiert aus seinen heiligen Büchern etwas in das Erlebte hinein.

Ein wirkliches Wissen von dem Göttlichen der Menschenseele kann nur erlangt werden auf zweifache Weise: Es kann erlangt werden entweder so, wie es die Urmenschheit erlangt hat, oder so, wie es der Mensch wiedererlangen kann auf eine viel geistigere Weise durch intuitives Denken, durch dasjenige Denken, das sich auf imaginativer und inspirierter Erkenntnis aufbaut und dann bis zur intuitiven Erkenntnis gelangt. Warum?

In dasjenige, was menschliches Nervensystem ist, ist während des Erdenlebens der denkerische Teil der Seele ausgeflossen, er ist nicht mehr für sich da. Er hat dieses plastische Gebilde geformt, und ist nicht mehr für sich da. Und im rhythmischen System ist er nur zur Hälfte für sich da. Da würde man höchstens Anhaltspunkte gewinnen, aus denen man weiter schließen könnte.

Erst im Stoffwechselsystem, diesem Materiellsten des Erdenlebens, ist der ewige Teil der Menschenseele verborgen. Was hier auf der Erde als das Stofflichste angesehen wird, was im Stoffwechselsystem lebt, das ist zwar nach außen hin das Stofflichste, aber weil es das Stofflichste ist, bleibt das Geistige von ihm getrennt.

Von dem anderen Stofflichen, dem Gehirn und dem rhythmischen System, wird das Geistige absorbiert, aufgesogen, es ist nicht für sich da. Bei dem Grobstofflichen ist es für sich da, nur muss es der Mensch mit diesem Grobstofflichen sehen, schauen können. Das war bei der Urmenschheit vorhanden und ist heute nicht erstrebenswert, aber im krankhaften Zustand zuweilen noch vorhanden.

Die wenigsten Menschen wissen zum Beispiel, dass das Geheimnis von Nietzsches *Zarathustra*-Stil darauf beruht, dass er gewisse giftige Stoffe zu sich genommen hat, und diese Gifte in ihm den eigentümlichen Rhythmus, den eigentümlichen Stil des *Zarathustra* hervorgebracht haben. In Nietzsche dachte eine ganz bestimmte Stofflichkeit. Das ist etwas Krankhaftes, wenn es auch in gewisser Beziehung wieder etwas Großartiges ist.

Über diese Dinge darf man ebenso wenig Illusionen haben, wenn man sie verstehen will, wie man sich über das Entgegengesetzte, über Intuition und so weiter, Illusionen machen darf. Man muss sich klar darüber sein, was es bedeutet, dass Nietzsche gewisse Gifte zu sich nahm, die im menschlichen Organismus so wirken, dass sie zu einer Ätherizität, zu einer ätherischen Art des Bestehens im menschlichen Organismus führen, dass sie durchsprühen das Denksystem und dadurch dasjenige hervorrufen, was wir im Nietzsche'schen *Zarathustra* verfolgen können. Die Intuition macht fähig, das Geistig-Seelische als solches, abgesondert vom Stoff wahrzunehmen. Da wirkt also nichts Stoffliches mehr, wo die Intuition wie in *Wie erlangt man Erkenntnisse der höheren Welten?* oder in der *Geheimwissenschaft* geschildert wird. Es sind das zwei entgegengesetzte Pole.

In jenen Mysterien, in die der auferstandene Christus hineingesprochen hat, da wusste man noch: Es war einmal beim Menschen ein höchstes Stoffwissen, Stoffwechselwissen vorhanden. Nicht mehr auf dieselbe Art, wie es die Urmenschheit getan hat – auch nicht auf degenerierte Art, wie es die Haschischesser und andere «Esser» tun, um aus den Wirkungen des Stofflichen Erkenntnisse zu gewinnen, die man ohne dieses nicht gewinnen kann –, nicht auf diese Art wollte man das alte Stoffwissen auferwecken, aber auf eine andere Art: Dadurch, dass man das Mysterium von Golgota einhüllte in Kultus, in bestimmte mantrische Formeln, einhüllte vor allen Dingen in die ganze Struktur von Offenbarung, Opferung, Transsubstantiation (Wesenswandlung) und Kommunion, dass man in diese Struktur das Mysterium von Golgota einhüllte und dem Menschen das Abendmahl reichte als Brot und Wein.

Nicht indem man ihm Gift gab, aber indem man ihm das Abendmahl reichte, und dieses Abendmahl erst in dasjenige einhüllte, was von den mantrischen Formeln des Messopfers ausgeht, was von dem ausgeht, was in der vierfachen Gliederung der Messe liegt – in Evangelium (Offenbarung), Opferung, Wandlung und Kommunion.

Denn nach der Kommunion, nachdem der vierte Teil des Messopfers vorbei ist, sollte die Kommunion der Gläubigen stattfinden. Man wollte einen Anhaltspunkt dafür geben, dass wiedererlangt werden muss ein Wissen, das zu dem hinführt, wozu das alte Stoffwechselwissen in instinktiver Art hingeführt hatte.

Ja, dieses Stoffwechselwissen – die Menschen können sich heute nur schwer einen Begriff davon machen, weil sie keine Ahnung davon haben, wie viel mehr, wenn auch nicht in intellektualistischer, abstrakt-verstandesmäßiger Form, wie viel mehr zum Beispiel ein Vogel weiß als ein Mensch, wie viel mehr sogar ein Kamel, ein Tier, das ganz im Stoffwechsel drinnen lebt, weiß als ein Mensch.

Es ist heute nur ein dumpfes Wissen, ein Traumwissen, eine Degenerierung dessen vorhanden, was der Urmensch in seinem Stoffwechsel hatte. Aber das Altarsakrament ist von den ersten christlichen Lehrern als Hinlenkung darauf gedacht, dass wieder zu erringen ist ein Wissen von dem Ewigen in der Menschenseele.

Damals, als der durch den Tod gegangene Christus seine eingeweihten Schüler lehrte, da konnten die Menschen von sich aus zu einem solchen Wissen nicht kommen. Er hat es sie aber gelehrt, und in den vier ersten christlichen Jahrhunderten war dieses Wissen noch lebendig.

Dann verknöcherte es in der römisch-katholischen Kirche, indem diese zwar das Messopfer beibehielt, aber keine Interpretation mehr dafür hatte. Das Messopfer, als Fortsetzung des Abendmahls gedacht, wie das Abendmahl im Evangelium geschildert ist, das gibt keinen Sinn, wenn man nicht erst den Sinn interpretiert. Dass gerade das Messopfer eingesetzt worden ist mit seinem wunderbaren Kultus, seiner Nachahmung der vier Mysterienkapitel, das geht auf das zurück, dass der auferstandene Christus auch der Lehrer derjenigen war, die diese Lehren in einem höheren esoterischen Sinn empfangen konnten.

Für die folgenden Jahrhunderte konnte nur dasjenige bleiben, was eine Art kindlicher Unterricht (der Katechismus) über das Mysterium von Golgota war. Eine Katechese wurde ausgebildet, die verhüllte, zudeckte diese Erkenntnis über das Mysterium von Golgota. Die Menschen sollten sich erst voll in dem befestigen, was mit dem Tod zusammenhängt. Das ist die mittelalterliche Theologie, von der Traditionen sich erhalten haben.

In manchen Geheimgesellschaften der Gegenwart versammeln sich noch Leute, die in ihren Schriften Formeln haben, die den, der diese Formeln versteht, der die Sache wiedererkennt, an dasjenige erinnern, was die Lehren des auferstandenen Christus an seine eingeweihten Jünger waren. Aber die Menschen, die sich heute in allerlei Freimaurer-Geheimgesellschaften vereinigen, sie verstehen nicht, was in ihren Formeln lebt. Sie haben im Grunde keine Ahnung davon.

Man würde aber aus diesen Formeln vieles herauslesen können, weil in ihnen in toten Buchstaben manches lebt, nur geschieht es nicht. Aber nachdem die Menschheit durch eine Zeit hindurchgegangen ist, die gegenüber dem Mysterium von Golgota eine Zeit der Finsternis war, ist heute der Zeitpunkt gekommen, wo die menschliche Sehnsucht verlangt, auch über das Mysterium von Golgota ein tieferes Wissen zu erlangen.

Und das kann nur auf geisteswissenschaftliche° Art geschehen. Das kann nur dadurch geschehen, dass ein neues Wissen auftritt, das auf rein geistige Art erarbeitet ist. Da wird man wieder zu einem vollmenschlichen Verständnis des Mysteriums von Golgota zurückgelangen. Da wird man wieder verstehen lernen, dass der Menschheit die wichtigsten Lehren nicht von dem Christus gegeben worden sind, der bis zum Mysterium von Golgota hin im physischen Leib lebte, sondern von dem auferstandenen Christus nach dem Mysterium von Golgota.

Man wird ein neues Verständnis für die Worte eines solchen Eingeweihten gewinnen, wie Paulus einer war: «Ist der Christus nicht auferstanden, so ist euer Glaube eitel.» Er wusste seit dem Erlebnis von Damaskus, dass alles darauf ankommt, den auferstandenen Christus zu begreifen, die Kraft des auferstandenen Christus mit dem Menschen so zu vereinigen, dass der Mensch sagen kann: «Nicht ich, sondern der Christus in mir.»

Demgegenüber ist es charakteristisch, dass im 19. Jahrhundert eine Theologie heraufgekommen ist, die von dem auferstandenen Christus überhaupt nichts mehr wissen will. Es ist ein bedeutsames Symptom der Zeit, dass ein für die Theologie angestellter Lehrer in Basel in der Schweiz, Nietzsches Freund Overbeck, als Theologe ein Buch[5] geschrieben hat über die Christlichkeit der heutigen Theologie, in dem er den Nachweis zu bringen versucht, dass diese heutige Theologie nicht mehr christlich ist. Es mag noch manches Christliche geben, die Theologie aber, die von den christlichen Theologen gelehrt wird, die ist nicht christlich.

---

5 Franz Overbeck: *Über die Christlichkeit unserer heutigen Theologie,* 2. Aufl. 1903.

Das ist ungefähr die Anschauung des christlichen Theologen Overbeck. Sie ist sehr geistvoll in seinem Buch bewiesen, diese Ansicht.

Es ist die Menschheit in Bezug auf die Auffassung des Mysteriums von Golgota so weit gekommen, dass heute diejenigen am wenigsten zu sagen haben über dieses Mysterium von Golgota, die offiziell von der Kirche angestellt sind, um über das Mysterium von Golgota den Menschen etwas zu sagen. Daraus entspringt dann die Sehnsucht, die menschliche Sehnsucht, über dasjenige, was jeder in seinem Inneren erleben kann, über das Christus-Erlebnis, etwas erfahren zu können.

Mancherlei Dienste hat die Geisteswissenschaft° der Menschheit heute zu leisten. Ein wichtiger Dienst wird der religiöse Dienst sein. Nicht eine neue Religion soll gestiftet werden. Mit dem Ereignis, das darin besteht, dass ein Gott durch das Menschenschicksal von Geburt und Tod gegangen ist, hat die Erde ihren Sinn bekommen, sodass dieses Ereignis niemals überboten werden kann.

Nach dem Christentum kann eine neue Religion nicht mehr begründet werden. Man würde das Christentum nicht richtig verstehen, wenn man glauben würde, dass eine neue Religion begründet werden könnte. Aber indem die Menschheit immer mehr vorrückt im übersinnlichen Wissen, wird das Mysterium von Golgota und damit das Christus-Wesen immer tiefer verstanden werden.

Zu diesem Verstehen möchte Geisteswissenschaft° dasjenige beitragen, was in der Gegenwart vielleicht nur sie beitragen kann. Denn an kaum einem anderen Ort kann so viel gesprochen werden über das Verhältnis der göttlichen Urlehrer der Menschheit zu demjenigen Lehrer, der seinen eingeweihten Schülern noch in der Gestalt erschien, wie die göttlichen Urlehrer der Menschheit erschienen waren, der aber gerade als wichtigste Lehre die hatte: wie ein Gott, wie er selbst, das Menschenschicksal von Geburt und Tod miterlebt hatte.

Aus dieser Mitteilung eines Gottes an die Menschheit soll den Menschen die Kraft werden, den Tod, da sie sich jetzt für ihn interessieren müssen, so anzusehen, dass sie sich sagen können:

Er ist da, dieser Tod,
aber er kann der Seele nichts anhaben.

Dass sich die Menschen das sagen können, dazu ist das Mysterium von Golgota da. Paulus wusste: Wäre es nicht da, wäre der Christus nicht auferstanden, so würde die Seele in das Schicksal des Leibes verstrickt werden, das heißt in das Schicksal der Auflösung des Leibes in die Elemente der Erde.

Wäre der Christus nicht auferstanden, hätte er sich nicht mit den Erdenkräften verbunden, dann würde sich die menschliche Seele zwischen Geburt und Tod mit dem menschlichen Leib so vereinigen, dass mit all den Molekülen, die sich mit dem Menschenleib durch das Feuer oder durch die Verwesung mit der Erde verbinden, sich auch diese Seele verbinden würde. Es würde einstmals das geschehen, dass am Ende des Erdenwerdens die Menschenseele den Weg machen würde, den der Erdenstoff macht.

Indem aber der Christus durch das Mysterium von Golgota durchgegangen ist, entreißt er die menschliche Seele diesem Schicksal. Die Erde wird im Weltenall ihren Weg gehen. Aber ebenso, wie von dem einzelnen menschlichen Leib die menschliche Seele herauskommt, ebenso wird sich die Summe der Menschenseelen von der Erde loslösen und einem neuen Weltendasein zugehen. In dieser intimen Weise ist der Christus mit dem Erdendasein verknüpft. Nur kann man das erst verstehen, wenn man sich so dem Geheimnis nähert.

Es bleibt vielleicht bei manchem der Gedanke: Wie ist es mit denen, die nicht an den Christus glauben?

Da möchte ich am Schluss noch sagen: Der Christus ist für alle Menschen gestorben, auch für diejenigen, die sich heute nicht mit ihm verbinden können. Das Mysterium von Golgota ist ein Objektives, zu dem das Menschenwissen nichts tut. Aber dieses Menschenwissen verstärkt die innere Kraft der menschlichen Seele.

Angewendet werden müssen alle Mittel der menschlichen Erkenntnis, des menschlichen Fühlens und Wollens, damit im weiteren Verlauf der Erdentwicklung in dem Menschen auch subjektiv, durch unmittelbares Wissen, die Gegenwart des Christus in der Erdentwicklung vorhanden ist.

Das, meine lieben Freunde, wollte ich heute zu Ihnen sprechen.

Anhang A
Faksimiles und Textvergleiche

zum Schluss des letzten Vortrags in Oslo

Nachschrift A. Eggers *S. 174-175*
Nachschrift X *S. 178*
Nachschrift von Altenburg *S. 179*
GA 148 *S. 174* u. *176-177*

Nachschrift A. Eggers, S. 67-68

So ist der Zusammenhang zwischen der Versuchungsgeschichte und dem Mysterium von Golgatha mit dem Verrat des Judas. Ich versuchte, durch diese herausgerissenen Erzählungen Ihnen eine Vorstellung zu geben von dem, was das 5. Evangelium ist. Im Laufe der Menschheitsentwicklung wird noch viel anderes aus ihm zu Tage treten ! Es ist nur herausgefordert durch die Notwendigkeit unserer Zeit, in der Gegenwart schon von ihm zu sprechen, und ich möchte es Ihnen, meine lieben Freunde, ans Herz legen, dasjenige, was gesagt werden durfte, in pietätvoller Weise zu behandeln. Wir haben ja heute schon gründlich genug Feinde; ich übergebe

Ihnen [→ S.175]

GA 148, S. 96-102 (Absätze durch // gekennzeichnet)

So ist der Zusammenhang von der Versuchungsgeschichte und dem Mysterium von Golgatha mit dem Verrat des Judas. // Viel mehr wäre zu sagen aus diesem Fünften Evangelium als das, was gesagt worden ist. Aber im Laufe der Menschheitsentwickelung werden ganz gewiß auch noch die anderen Teile dieses Fünften Evangeliums zutage treten. Mehr von der Art, *wie* es ist, versuchte ich durch die herausgerissenen Erzählungen Ihnen eine Vorstellung zu geben von diesem Fünften Evangelium. Es tritt mir auch am Ende dieser Vorträge dasjenige vor das Seelenauge, was ich am Schlusse der ersten Stunde gesagt habe, daß es ja nur herausgefordert ist durch die Notwendigkeiten unserer Zeit, in der Gegenwart schon von diesem Fünften Evangelium zu sprechen. Und ich möchte es Ihnen, meine lieben Freunde, ganz besonders ans Herz legen, dasjenige was vom Fünften Evangelium gesagt werden durfte, in der entsprechenden pietätvollen Weise zu behandeln. // Sehen Sie, wir haben heute schon gründlich genug Feinde, und die Art, wie sie vorgehen, ist ja eine ganz eigentümliche. Ich will über diesen Punkt nicht sprechen, Sie kennen ihn vielleicht aus den «Mitteilungen». Sie kennen ja auch die merkwürdige Tatsache, daß es seit längerer Zeit Menschen gibt, die davon sprechen, wie infiziert von allem möglichen engherzigen Christentum, ja sogar von Jesuitismus die Lehre ist, die von mir verkündet wird. Insbesondere sind es gewisse Anhänger der sogenannten Adyar-Theosophie, welche in der schlimmsten Weise eben diesen Jesuitismus verkünden und lauter gehässiges, gewissenloses Zeug reden. Aber dabei tritt auch noch das zutage, daß von einer Stelle aus, wo man recht sehr gewütet hat gegen das Engherzige, Verkehrte, Verwerfliche, unsere Lehre bodenlos gefälscht worden ist. Es hat unsere Lehre ein Mann, der aus Amerika kam, durch viele Wochen und Monate kennengelernt, aufgeschrieben und dann in verwässerter Gestalt nach Amerika getragen und dort eine Rosenkreuzer-Theosophie herausgegeben, die er von uns übernommen hat. Er sagt zwar, daß er von uns hier manches gelernt habe, daß er aber dann erst zu den Meistern gerufen wurde und von ihnen mehr gelernt habe. Das Tiefere aber, was er aus den damals unveröffentlichten Zyklen gelernt hatte, verschwieg er als von uns gelernt. Daß so etwas in Amerika geschah – man könnte ja, wie der alte Hillel, in Sanftmut bleiben; man brauchte sich diese auch nicht nehmen lassen, wenn das auch nach Europa herüberspielt. Es wurde an der Stelle, wo man am meisten gegen uns gewütet hat, eine Übersetzung gemacht dessen, was über uns nach Amerika geliefert worden ist, und diese Übersetzung wurde eingeleitet damit, daß man sagte: Zwar träte eine rosenkreuzerische Weltanschauung auch in Europa zutage, aber in engherziger, jesuitischer Weise. Und erst in der reinen Luft Kaliforniens konnte sie weiter gedeihen. – Nun, ich mache Punkte ...! Das ist die Methode unserer Gegner. Wir können nicht nur mit Milde, sondern sogar mit Mitleid diese Dinge ansehen, aber wir dürfen den Blick nicht davor verschließen. Wenn solche Dinge geschehen, dann [→ S. 176]

Ihnen dieses 5. Evangelium in dem Vertrauen, dass es nicht hinauskommt zu denjenigen, die es vielleicht verhöhnen und verspotten. Der Geist der Wahrheit muss in uns leben, wenn wir diese Dinge verkündigen; aber die Menschen draussen ahnen nichts von diesem Geist in Wirklichkeit. - Leicht ist es mir nicht geworden, über diese Dinge zu Ihnen zu sprechen; ich bitte Sie, diese Dinge so zu nehmen, dass Sie sich klar darüber sind, dass ausserhalb dargestellt, sie missverstanden werden müssen und üble Gegnerschaft hervorrufen würden. Aber es gibt einen Standpunkt, unter dem man sich verpflichtet fühlt, von diesen Dingen einiges mitzuteilen. In unserer Zeit ist notwendig für zahlreiche Seelen ein erweitertes Christusverständnis und erweiterte Ausblicke in dasjenige, was in Palästina eigentlich geschehen ist. Und ein anderer Gesichtspunkt, der es jetzt zur Pflicht macht, etwas mitzuteilen über diese Dinge, ist der, dass gerade okkulte Einsicht darüber jetzt erworben sein muss mit der ganzen Gesinnung, die aus der Geisteswissenschaft fliesst. Der Geistesforscher weiss, dass solche Erkenntnisse unendlich tragend und gesundend sind für die Menschenseele, immer wieder zu betrachten dasjenige, was als zugehörig zu unserer Erdenentwicklung angesehen werden muss. Ich weiss, dass diese Betrachtungen Ihnen, m.l.Fr., eine Hülfe sein können, wenn sich Ihre Seelen kraftlos und schwach fühlen in trüben Stunden. Dann erinnern sie sich an dasjenige, was gesagt wurde und was konkret zusammenhängt mit dem Christusleben.

--- oo ---

Man kann mit okkultem Blick diese Dinge auch heute erforschen, und so suchte ich Ihnen dasjenige zu geben, was sich aus der Akaschachronik ergibt als eine Art 5. Evg.. Es ist dies 5.Evg. in keiner anderen Weise entstanden als die 4 anderen Evangelien. Diese sind ja auch hinterher geschrieben aus den Impressionen, die die Schreiber hatten aus der Betrachtung der Akascha-Chronik heraus. Wir leben aber heute in einem Zeitalter, wo sich in ganz besonderem Masse das Christus-Jesus-Wort erfüllt: "Ich bin bei euch alle Tage bis ans Ende des Weltentages." Und in solchen besonderen Zeiten steht es uns ganz besonders nah und spricht zu uns in ganz besonderer Weise über die Ereignisse, die damals, als er in Palästina lebte, über die Erde dahingezogen sind. - -

sollten auch diejenigen vorsichtig sein, die ja die Jahre her immer eine merkwürdige Nachsicht hatten mit denen, die in so gewissenloser Weise handelten. Vielleicht werden allen einmal die Augen aufgehen. Ich möchte wahrhaftig nicht über diese Dinge sprechen, wenn es nicht eben notwendig wäre im Dienste der Wahrheit. Man muß doch das alles ganz klar sehen. // Wenn auch einerseits diese Dinge von anderen verbreitet werden, dann schützt uns das nicht davor, daß andrerseits diejenigen, denen in etwas ehrlicherer Weise diese Dinge unangenehm sind – denn es gibt ja auch solche Menschen –, den Kampf ausführen. Mit all dem törichten Zeug, was zwischen diesen beiden Parteien geschrieben wird, will ich Sie nicht behelligen. Denn all diese sonderbare Literatur, die in Deutschland jetzt erscheint von Freimark, Schalk, Maack und so weiter, wäre gar nicht notwendig zu beachten, weil die Inferiorität denn doch zu groß ist. Aber es gibt Leute, die gerade dasjenige nicht vertragen können, was von der Art ist wie dieses Fünfte Evangelium. Und vielleicht war kein Haß so ehrlich als derjenige, der hervorgetreten ist in den Kritiken, die gleich aufgetreten sind, als etwas von dem Geheimnis der beiden Jesusknaben, das ja auch schon zum Fünften Evangelium gehört, in die Öffentlichkeit gedrungen ist. Wirkliche Anthroposophen werden dieses Fünfte Evangelium, das in gutem Glauben gegeben ist, richtig behandeln. Nehmen Sie es mit, erzählen Sie davon in den Zweigen, aber sagen Sie den Leuten, wie es behandelt werden muß! Machen Sie, daß es nicht pietätlos hingeworfen wird unter diejenigen, die es vielleicht verhöhnen. // Man steht mit solchen Dingen, die auf der für unsere Zeit schon notwendigen hellsichtigen Forschung beruhen, unserer ganzen Zeit gegenüber, und vor allem der tonangebenden Bildung unserer Zeit. Wir versuchten, uns das ja auch zu Herzen zu führen. Diejenigen, die wir beisammen waren bei der Grundsteinlegung unseres Baues, wissen, wie wir versuchten, uns vor die Seele zu rufen, wie notwendig die Verkündigung spiritueller Lehren ist mit treuem Einhalten der Wahrheit. Wir versuchten es uns vor die Seele zu führen, wie weitab unsere Zeitkultur von diesem Suchen nach der Wahrheit liegt. Man kann sagen, daß der Schrei nach dem Geiste durch unsere Zeit geht, daß aber die Menschen zu hochmütig oder beschränkt sind, um wirklich von wahrem Geiste etwas wissen zu wollen. Jener Grad von Wahrhaftigkeit, der notwendig ist, um die Verkündigung des Geistes zu vernehmen, der muß erst heranerzogen werden. Denn in dem, was heute Geistesbildung ist, ist dieser Grad von Wahrhaftigkeit nicht vorhanden und, was schlimmer ist, man merkt es nicht, daß er nicht vorhanden ist. Behandeln Sie das, was hier mit dem Fünften Evangelium gegeben worden ist, so, daß es in den Zweigen pietätvoll behandelt wird. Nicht aus Egoismus beanspruchen wir das, sondern aus einem ganz anderen Grunde, denn der Geist der Wahrheit muß in uns leben und der Geist muß in Wahrheit vor uns stehen. // Die Menschen reden heute vom Geiste, aber sie ahnen, selbst wenn sie das tun, nichts vom Geiste. Da gibt es einen Mann – und warum soll man nicht Namen nennen –, der zu einem großen Ansehen gekommen ist, gerade weil er immer und immer vom Geiste spricht, *Rudolf Eucken.* Er redet immer vom Geiste, aber wenn man alle seine Bücher durchliest – versuchen Sie es nur einmal –, wird immer gesagt: Den Geist gibt es, man muß ihn erleben, man muß mit ihm zusammensein, man muß ihn empfinden – und so weiter. In unendlichen Phrasen geht es durch alle diese Bücher, wo man immer wieder schreibt: Geist, Geist, Geist! So redet man heute vom Geiste, weil man zu bequem oder zu hochmütig ist, zu den Quellen des Geistes selbst zu gehen. Und diese Menschen haben heute großes Ansehen. Dennoch wird es schwierig sein in der heutigen Zeit, mit dem, was so konkret aus dem Geiste geholt ist, wie es bei der Schilderung des Fünften Evangeliums geschehen mußte, durchzudringen. Dazu gehören Ernst und innere Wahrhaftigkeit. Eine der neuesten Schriften Euckens ist diese: «Können wir noch Christen sein?» Da lesen wir auf einer der Seiten, die nichts anderes sind als einzelne Glieder, die sich bandwurmartig aneinanderstücken aus Seele und Geist, und Geist und Seele, und durch viele Bände hindurch geschieht das, denn damit erwirbt man ungeheures Ansehen, Ruhm und Ruf, wenn man den Leuten erklärt, vom Geiste etwas zu wissen, denn die Leute merken heute nicht beim Lesen, was alles an innerer Unwahrhaftigkeit geleistet wird, und man möchte glauben, die Menschen müßten doch endlich lesen lernen – da lesen wir auf einer Seite den Satz: Die Menschheit ist heute darüber hinaus, an Dämonen zu glauben; an Dämonen zu glauben kann man den Menschen nicht mehr zumuten! – Aber an einer anderen Stelle liest man in demselben Buche den merkwürdigen Satz: «Die Berührung von Göttlichem und Menschlichem erzeugt dämonische Mächte.» Da spricht doch der Mann ernsthaft jetzt von Dämonen, der so, wie ich vorher gesagt habe, auf einer anderen Seite desselben

Buches spricht. Ist das nicht tiefste innere Unwahrheit? Es müßte die Zeit endlich kommen, wo zurückgewiesen werden solche Lehren vom Geiste, die voll innerster Unwahrheit sind. Aber ich merke nichts davon, daß viele unserer Zeitgenossen diese innere Unwahrheit bemerken. // So stehen wir heute noch, wenn wir der Wahrheit vom Geiste dienen, im Gegensatz zu unserer Zeit. Und es ist notwendig, sich an so etwas zu erinnern, um klar zu sehen, was wir in unseren Herzen zu tun haben, wenn wir sein wollen Mitträger der Verkündigung vom Geiste, Mitträger des der Menschheit notwendigen neuen Lebens vom Geiste. Wie kann man hoffen, wenn man versucht, durch die Geistlehre die menschliche Seele zu der Christus-Wesenheit zu führen, viel Anklang zu finden gegenüber der Zeitbildung, die sich heute begnügt mit solchen Wahrheiten, die alle gescheiten Philosophen und Theologen erzählen: daß es ein Christentum *vor* dem Christus gegeben habe! Denn sie weisen nach, daß der Kult, ja einzelne typische Erzählungen, in derselben Weise schon früher im Morgenlande gefunden wurden. Da erklären denn die gescheiten Theologen und erzählen es allen, die es hören wollen, daß das Christentum nichts anderes sei als die Fortsetzung dessen, was schon früher da war. Und ein großes Ansehen hat diese Literatur bei unseren Zeitgenossen. Ungeheures Ansehen hat sie gefunden, und die Zeitgenossenschaft merkt gar nicht, wie sich das alles zueinander verhält. // Wenn man von der Christus-Wesenheit spricht, wie sie in ihrer Geistigkeit heruntersteigt, und wenn man die Christus-Wesenheit später in denselben Kultformen verehrt findet wie früher die heidnischen Götter verehrt wurden, und wenn das verwendet werden soll, um die Christus-Wesenheit überhaupt wegzuleugnen, wie das ja heute auch schon da ist, so ist das eine Logik, die jemand gebraucht, dem folgendes passiert: Irgendein beliebiger Mensch geht in eine Herberge und hätte dann dort seine Kleider gelassen. Von den Kleidern weiß man, daß sie diesem Menschen gehören. Nachher wäre ein Mensch wie Schiller oder Goethe gekommen und hätte, durch irgendeinen Umstand genötigt, die zurückgelassenen Kleider angezogen und wäre herausgekommen mit den Kleidern, die dem anderen gehörten. Und nun würde jemand umhergehen, Goethe in den anderen Kleidern sehen und sagen: Ja, was redet man denn da? Was soll das für ein besonderer Mensch sein? Die Kleider habe ich ja ganz genau geprüft, die gehören dem und dem, der gar kein besonderer Mensch ist. – Weil die Christus-Wesenheit die Kleider der alten Kulte gewissermaßen benutzt hat, kommen die gescheiten Leute und erkennen nicht, daß die Christus-Wesenheit dies nur wie ein Kleid angezogen hat, und daß, was jetzt in den alten Kulten steckt, die Christus-Wesenheit ist. // Und nun nehmen Sie ganze Bibliotheken, nehmen Sie ganze Summen von heutigen wissenschaftlichen monistischen Betrachtungen: das sind Beweise vom Kleide der Christus-Wesenheit, die ja sogar wahr sind! Hoch im Werte steht heute der Beschnüffler der Kulturevolution und als tiefe Weisheit wird die Wissenschaft dieser Beschnüffler hingenommen. Dies Bild müssen wir uns vor die Seele malen, wenn wir nicht nur verstandesmäßig, sondern auch mit dem Gefühl aufnehmen wollen das, was mit diesem Fünften Evangelium gemeint ist. Denn gemeint ist, daß wir mit unserer Wahrheit in der richtigen Weise in unsere Zeit hineingestellt uns fühlen sollen, um zu begreifen, wie unmöglich es ist, der alten Zeit dasjenige begreiflich zu machen, was wieder als neue Verkündigung kommen muß. Deshalb darf ein Evangelienwort gesprochen werden, jetzt, wo wir wiederum Abschied nehmen voneinander: Mit dem Sinn, der heute in der Menschheit waltet, ist in der nächsten geistigen Entwickelung nicht weiterzukommen. – Darum muß dieser Sinn geändert werden, auf ein anderes gerichtet werden! Und die Kompromißnaturen, die sich kein klares Bild machen wollen von dem, was da ist und was da kommen muß, werden nicht gut dem dienen, was als geistige Lehre und geistiges Dienen der Menschheit notwendig ist. // Ich war das Fünfte Evangelium, das mir heilig ist, schuldig. Und ich verabschiede mich von Ihren Herzen und Ihren Seelen mit dem Wunsche, daß das Band, das uns verbunden hat durch mancherlei anderes, gefestigt worden sei durch diese geistige Forschung über das Fünfte Evangelium, die mir besonders teuer ist. Und dies kann vielleicht in Ihren Herzen und Seelen eine warme Empfindung auslösen: Wenn wir auch physisch, räumlich und zeitlich getrennt sind, so wollen wir doch beisammen bleiben, zusammen fühlen, was wir in unseren Seelen zu erarbeiten haben und was gefordert ist durch die Pflicht, die der Geist in unserer Zeit den Menschenseelen auferlegt! // Hoffentlich geht das, was wir erstreben, durch die Arbeit einer jeden Seele in der rechten Weise weiter. Ich glaube, daß mit diesem Wunsche der beste Abschiedsgruß gegeben sein darf, den ich am Ende gerade dieses Vortragszyklus hiermit bringen möchte.

Ahriman ist der Herr des Todes. So ist der Zusammenhang zwischen der Versuchungsgeschichte und dem Mysterium von Golgatha mit dem Verrat des Judas.

Ich versuchte, durch diese herausgerissenen Erzählungen Ihnen eine Vorstellung zu geben von dem, was das V. Evangelium ist. Im Laufe der Menschheitsentwicklung wird noch viel anderes aus ihm zu Tage treten. Es ist nur herausgefordert durch die Notwendigkeiten unserer Zeit, in der Gegenwart schon von ihm zu sprechen, und ich möchte es Ihnen, meine lieben Freunde, ans Herz legen dasjenige, was gesagt werden dürfte, in pietätvoller Weise zu behandeln. Wir haben ja heute schon gründlich genug Feinde, ich übergebe Ihnen dieses V. Evangelium mit dem Vertrauen, dass es nicht hinauskommt zu denen, die es vielleicht verhöhnen und verspotten. Der Geist der Wahrheit muss in uns leben, wenn wir diese Dinge verkündigen, aber die Menschen draussen ahnen nichts von diesem Geist in Wirklichkeit.

Leicht ist es mir nicht geworden, zu Ihnen über diese Dinge zu sprechen. Ich bitte Sie, die Dinge so zu nehmen, dass Sie klar darüber sind, dass, ausserhalb dargestellt, sie missverstanden werden müssen und üble Gegnerschaft hervorrufen würden. Aber es gibt einen Standpunkt, dem man sich verpflichtet fühlt, von diesen Dingen etwas mitzuteilen. In unserer Zeit ist notwendig für zahlreiche Seelen ein erweitertes Christusverständnis. Erweiterter Ausblick in das, was in Palästina eigentlich geschehen ist und ein anderer Gesichtspunkt, der es jetzt zur Pflicht macht, etwas mitzuteilen über diese Dinge, ist der, dass gerade okkultistische Einsicht darüber erworben werden sein muss mit der ganzen Besinnung, die aus der Geisteswissenschaft fliesst. Der Geistesforscher weiss, dass solche Dinge ausserordentlich tragend und gesundend wirken für die Menschenseele, immer wieder zu betrachten dasjenige, was als zugehörig betrachtet werden muss zu unserer Entwicklung. Ich weiss, dass diese Betrachtungen Ihnen neue Hilfe sein können, wenn sich Ihre Seelen kraftlos und schwach fühlen in trüben Stunden. Dann erinner Sie sich an das, was gesagt wurde und was konkret zusammenhängt mit dem Christusleben. Man kann mit okkultem Blick das auch heute erforschen, und so möchte ich Ihnen dasjenige zugeben, was sich aus der Akascha-Chronik ergibt als eine Art V. Evangelium. Es ist dieses V. Evangelium auf keine andere Weise entstanden, als die 4 anderen Evangelien. Diese sind ja auch hinterher geschrieben aus den Impressionen, die die Schreibe hatten aus der Betrachtung der Akascha-Chronik heraus. Wir leben aber heute in einem Zeitalter, wo sich in ganz besonderer Weise das Christuswort erfüllt: Ich bin bei Euch alle Tage bis ans Ende der Welt-

– 13 –

tage." Und in solchen besonderen Zeiten steht er uns ganz besonders nah und spricht sich zu uns aus in ganz besonderer Weise über die Ereignisse, die damals, als er in Palästina lebte, über die Erde dahingezogen sind.

kommen der Christus in die Herrschaft des Herrn des Todes, weil Ahriman der Herrxx des Todes ist. So ist der Zusammenhang zwischen dem Mysterium von Golgatha und der Versuchungsgeschichte und dem Verrat des Judas.

Ich versuchte, durch diese herausgerissenen Erzählungen, Ihnen eine Vorstellung zu geben von dem, was das fünfte Evangelium ist. Im Verlaufe der Menschheitsentwickelung wird noch viel anderes

aus ihm zutage treten. Es ist nur herausgefordert durch die Notwendigkeit unserer Zeit, in der Gegenwart schon von ihm zu sprechen; und ich möchte es Ihnen, meine lieben Freunde, ans Herz legen, dasjenige, was gesagt werden durfte,in pietätvoller Weise zu behandeln. Wir haben ja heute schon gründlich genug Feinde. Ich übergab Ihnen das fünfte Evangelium in dem Vertrauen, dass es nicht hinauskommt zu denjenigen, die es vielleicht nur verspotten und verhöhnen. Der Geist der Wahrheit muss in uns leben, wenn wir diese Dinge verkünden; aber die Menschen draussen ahnen nichts von diesem Geist in Wirklichkeit. Leicht ist es mir nicht geworden, über diese Dinge zu Ihnen zu sprechen. Ich bitte Sie, diese Dinge so zu nehmen, dass Sie sich klar darüber sind, dass, ausserhalb dargestellt, sie missverstanden werden müssen und üble Gegnerschaft hervorrufen würden. Aber es gibt einen Standpunkt, unter dem man sich verpflichtet fühlt, von diesen Dingen einiges mitzuteilen. In unserer Zeit ist notwendig für zahlreiche Seelen ein erweitertes Christus-Verständnis und erweiterte Ausblicke in dasjenige, was in Palästina eigentlich geschehen ist.

Anhang B
Einzelstellen im Textvergleich*

Aus dem 1. Vortrag *S. 183-186*
Aus dem 2. Vortrag *S. 186-190*
Aus dem 3. Vortrag *S. 190-192*
Aus dem 4. Vortrag *S. 192-197*
Aus dem 5. Vortrag *S. 197-201*

*Die Zahlen am Anfang (links) und am Ende (rechts) sind Seitenzahlen.

1. Vortrag

Nachschrift A. Eggers	*GA 148*
1 Begreifen dieses 5ten Evgl.'s notwendig sind	Begreifen dessen, was wir **nunmehr nennen wollen** das Fünfte Evangelium, notwendig sind 9
1 ganz gewiss in gar nicht fernen Zeiten die Christus-Wahrheiten	ganz gewiß – und die nächsten Tage sollen es uns **gewissermaßen** beweisen –, es wird ganz gewiß der Christus-Begriff, die Christus-Vorstellung 9
1 der Fall ist. Denn wer wirklich Umschau hält unter den Schriften	der Fall ist. In einem **ungeheuer erheblicheren** **Maße** war das in früherer Zeit der Fall. Wer Umschau hält im **Schrifttum** 10
2 aus den Tiefen der Geistesforschung	aus den Tiefen der Geistes**wissenschaft** 10
2 ein weitgehendes Rüstzeug	ein **starkes, großes** Rüstzeug 10
2 zu einem vollständigen Verstehen	zum völligen **Verständnis** 10
2 an Gelehrsamkeit und auch an Theosophie	an Gelehrsamkeit, Wissenschaft, auch an **anthroposophischem Verständnis** 11
2 tief hinabdrängt. Zu der ungeheueren Wirkung	tief, **tief** hinunterdrücken. **Man sagt nicht zuviel, wenn man behauptet**, daß eine ungeheure Wirkung 11
2 wenn die Menschen nur auf das angewiesen gewesen wären, was die Gelehrten der aufeinander folgenden Jahrhunderte, die Scholastiker oder die gelehrten Kirchenväter	wenn die Menschen, **um an dem Christus zu hängen**, alle gelehrten Auseinandersetzungen des Mittelalters, der Scholastik und der Kirchenväter 11
2 was den hier gegenwärtigen Seelen voll gegenwärtig ist. Wenn wir in den griechischen Dramen den kämpfenden Gott	was **gewiß den meisten** der hier befindlichen Seelen voll gegenwärtig ist. **Ich brauche nur zu erinnern**, wie im alten Griechenland die griechische Tragödie, insbesondere in ihren älteren Formen, wenn sie den kämpfenden Gott 12
2 gemacht wird, wie bei Homer	machte. **Ich brauche nur hinzuweisen**, wie *Homer* 12
3 entgegen, dass dieser Geist keine Steigerung	entgegen, was **in gewisser Weise** keine Steigerung 12
3-4 und wenn wir heute mit dem, was wir durch die Theosophie von dem Wesen des Christentums kennen, an jene primitiven Naturen herantreten, die dazumal das Christentum ausbreiteten, dürfen wir uns sagen, diese Vertreter von dem Wesen des Christus – wir brauchen hierbei nicht zu denken an die Grösse des kosmischen Christusgedankens, der heute durch die Theosophie aufgehen soll, wir brauchen dabei nur an eine viel einfachere Christusidee zu denken,– diese Träger derselben haben nichts auf den Markt des griechisch- römischen Geisteslebens zu tragen als	Und wenn wir heute mit dem, was wir, **sagen wir** durch die Anthroposophie, über das Wesen des Christentums **verstehen können**, herantreten an diese **einfachen**, primitiven Naturen, die dazumal das Christentum ausbreiteten, **so** dürfen wir uns sagen: Diese primitiven Naturen **verstanden** von dem Wesen des Christus – wir brauchen gar nicht einmal zu denken an den **großen** kosmischen Christus-Gedanken, der heute durch die Anthroposophie aufgehen soll, wir können an viel einfachere Christus-Gedanken denken –, die damaligen Träger des christlichen Impulses, die sich hineinschieben in die griechische hoch- entwickelte Bildung, **verstanden von alldem nichts**. Sie hatten nichts auf den Markt des griechisch- römischen Lebens zu tragen als

Nachschrift A. Eggers	GA 148
dasjenige, was sie in ihrem Herzen als Verständnis ihres geliebten Christus herausgebildet hatten und dennoch verbreitete sich durch sie weit und breit hin das Christentum innerhalb dieses griechisch-römischen hochintellektuellen Lebens, und es hat seine Fortsetzung gefunden bis in unsere Tage hinein. Seine Verbreiter waren nicht gebildete Theologen oder Theosophen	ihre persönliche Innerlichkeit, die sie sich als ihr persönliches Verhältnis zu dem geliebten Christus herausgebildet hatten; denn **sie liebten** wie ein Glied einer geliebten Familie **eben dieses Verhältnis**. Diejenigen, die hereintrugen in das damalige Griechen- und Römertum das Christentum, das sich bis in unsere Zeit fortgebildet hat, das waren nicht gebildete Theologen oder Theosophen, das waren nicht Gebildete. 13-14
4 und doch die Anhänger die Kraft im Herzen tragen, diesen Christusimpuls zu seinem Siege zu führen.	Und doch: die Kraft haben Menschen in der Seele getragen, diesen Christus-Impuls zum Sieges**zuge durch die Welt** zu bringen. 15
4 des Tertullian, dann zeigt er recht wenig geist. Höhe.	des Tertullian? – **da wird die Sache anders**. Da finden wir, daß er **eigentlich** recht wenig **Intellektualität**, geistige Höhe zeigt. 15
5 sie die tiefste Seite des Gemütes berührten bei denjenigen, zu denen sie sprachen. – Wenig wussten sie von den Tiefen des Chr. Impulses, und dennoch wirkten sie am bedeutsamsten !	sie die tiefsten **Saiten** derjenigen berühren konnten, zu denen sie sprachen. Einfache Leute zogen hinaus in alle Gegenden, und gerade die wirkten am bedeutsamsten. 16
5 Erscheinung,	Erscheinung, daß das Christentum bis in das Mittelalter unter Völkern sich ausbreitet, die bis dahin ganz andere Vorstellungsformen in ihrem Gemüte getragen haben, so daß es bald zu ihrer Seele gehörte.
dass die allereinfachsten Gemüter stärkste Wirkung ausüben als Träger dieses Christentums. In nicht allzuferner	 Und in nicht allzu ferner 16
6 dass ein Häckel entstanden wäre, so wie er dasteht mit aller seiner Gegnerschaft für das Christentum,– dass er nicht hätte entstehen können ohne das Christentum selber.	daß ein Haeckel entstanden wäre so, wie er dasteht in aller seiner **Christus-Gegnerschaft**, ohne daß er entstanden wäre aus dem Christentum heraus. Ernst Haeckel ist ohne die Voraussetzung der christlichen Kultur gar nicht möglich. Und die ganze neuere naturwissenschaftliche Entwickelung, wenn sie sich auch noch so sehr bemüht,
Denn seine Gegnerschaft in Worten, Ideen und Begriffen ist ein Kind des Christentums, – ja sie ist direkt eine Fortsetzung	Gegnerschaft des Christentums zu entwickeln, alle diese neuere Naturwissenschaft ist ein Kind des Christentums, eine direkte Fortsetzung 17-18
6 sich gegen dieselben gerirt. –	sich geriert. Man muß die Dinge nicht nur auf ihre Begriffe hin untersuchen, sondern auf ihre Realität hin, dann kommt man schon zu dieser Erkenntnis.
Aus der darvinistischen Entwicklungslehre führt ein gerader Weg	Aus der darwinistischen Entwickelungslehre führt, **wie Sie in dem kleinen Schriftchen von mir über** **«Reinkarnation und Karma» sehen können**, ein gerader Weg 18
6 nur als christl. möglich waren, der kommt ganz von selbst,	nur als christliche Bewegungen möglich waren, wer das versteht, kommt ganz konsequent zu der Reinkarnationsidee. Und wer zu Hilfe ziehen kann eine gewisse hellseherische Kraft, der kommt auf diesem Wege ganz konsequent

Nachschrift A. Eggers	GA 148
wenn er diese Bewegungen rückwärts verfolgt, zu einem geist. Ursprung	zu dem geistigen Ursprung 18
6-7 der konsequent durchgeführte	Der konsequente
Darvinismus führt zu einem geist.[igen] Ursprung des M.[enschen] zurück.	Darwinismus wird dazu führen.
Wenn man aber von den guten Geistern des Darvinisnus verlassen ist,	Ist man aber von seinem guten Geiste verlassen,
dann könnte man sagen,	dann kann man glauben, wenn man zurückgeht und ein **Anhänger der Reinkarnationsidee** ist, man **habe** einmal selber als
dass der M.[ensch] Affe gewesen wäre auf einem der Erde vorangegangenen Planeten.	Affe gelebt auf irgendeiner Inkarnation der Erde selbst.
So ist der Matrialismus eine Art Produkt des Christentums.	Wenn man das glauben kann, dann muß man sowohl von dem guten Geiste des Darwinismus als auch des Christentums verlassen sein, dann muß man von beiden **nichts verstehen**. Denn niemals könnte einem konsequenten Darwinismus **passieren**, das zu glauben. **Das heißt**, man muß in ganz äußerlicher Weise die Reinkarnationsidee übertragen auf diese materialistische Kultur. Denn man kann den modernen Darwinismus **gewiß** seiner Christlichkeit entkleiden. **Tut man das nicht**, so wird man finden, daß bis in unsere Zeit hinein die **darwinistischen Impulse** aus dem Christus-Impuls geboren worden sind, daß
Der Christusimpuls wirkt bis zu unserer Zeit hinein	die **christlichen Impulse**
und selbst da, wo die Menschen ihn verleugnen.	auch da wirken, wo man sie verleugnet. 19
7 was waltet	Was waltet in den Menschen, die in die germanische, in die fremde Welt das Christentum hineingetragen haben? Was waltet in der modernen materialistischen Naturwissenschaft, wo **die Lehre** ihr Angesicht **gleichsam** noch verhüllt? Was waltet
in diesen Seelen, wenn	in all diesen Seelen, wenn 20
7 wie geheimnisvoll der Christus dahinwandelt	wie geheimnisvoll der Christus selber wandelt **in vielen tausenden Impulsen, Gestalt annehmend**
in den Seelen der Menschen untertaucht und durch die Jahrhunderte die Menschenseelen erfüllt!	in den Seelen, **in viele Tausende und aber Tausende** untertauche**nd** und die Menschen erfülle**nd** 20
7 ergreift!	ergreift. Bei den späteren Lehrern, die den germanischen Völkern das Christentum bringen, ist es der Christus selbst, der ihnen **zur Seite wandelt**.
Der wahrhaftige Christus ist es, der auf der Erde waltete	Er ist es, der **wirkliche**, wahrhaftige Christus, der auf der Erde waltet 21
8 nähren nach allen Regeln der Kunst.	nähren nach allen Regeln der Kunst. **Es wäre doch eigentlich zum Verhungern**, wenn man die Nahrungsmittel kennen müßte, bevor man sich nähren könnte.
Wenn man sich bloss nährt, hat man nichts zu tun	**Das Sich-nähren-Können** hat nichts zu tun 21

Nachschrift A. Eggers	*GA 148*
8 hellsichtige Betrachtung enthüllt werden kann, die im vollen Einklang steht mit dem, was ich heute ausgesprochen habe	**hellseherische** Betrachtung **wirklich** enthüllt werden kann, das **äußerlich in der Tat** in vollem Einklange steht mit **allem**, was ich heute gesprochen habe. 21
8 angeregt worden ist durch die Geisteswissenschaft, hingelenkt	angeregt worden ist durch **den wirklichen Christus-Impuls** **im anthroposophischen Sinne**, hingelenkt 22
8 der Untersuchung des Forschers darbietet. Was geschah	der Untersuchung darbietet, **die von einem gewissen Gesichtspunkte aus geführt wird**. Was geschah 22
8 Erde, die uns als das Herabkommen des heilg. Geistes	Erde, **der uns ziemlich unverständlich zunächst** als das Herabkommen des Heiligen Geistes 22
8 was sich da vollzogen hat, bekommt	was da **eigentlich geschehen ist**, dann bekommt 22
8 Was ist dies Pfingstfestereignis gewesen? Mit der Antwort, die durch hellsichtige Forschung zu geben ist, beginnt das 5te Evangelium.	Was ist **denn** das Pfingstereignis gewesen? Diese Frage trat an die Geisteswissenschaft heran, und mit der Antwort auf diese Frage, mit der **geisteswissenschaftlichen Antwort** auf die Frage: Was war das Pfingstereignis? – beginnt das Fünfte Evangelium, und damit wollen wir morgen unsere Betrachtungen fortsetzen. 22

2. Vortrag

9 manches in den Untergründen	manches **sozusagen** in den Untergründen 23
9 sodass einem die anderen	so daß **gewissermaßen** auch die anderen 23
10 Es war im höchsten Grade	Es war **natürlich** im höchsten Grade 24
10 was sich in innigster	was sich **allerdings** in innigster 24
10 des einen dieser Jünger, des Petrus	**desjenigen, der gewöhnlich in den anderen Evangelien** **Petrus genannt wird** 25
10 Bewusstsein jetzt wie abgerissen sich erkannte	Bewußtsein in jenem Augenblicke **gleichsam wie** vollständig abgerissen war 25
11 Dingen zu reden! Man ist	Dingen zu reden. **Man möchte sagen**, man ist 26
12 in weniger vorbereitete Gemüter & sie sich dadurch beleidigt fühlen sollten. Es fällt der hellsichtige Blick	in weniger vorbereitete Gemüter **und Seelen** hinein und **das Ganze aufgebauscht** würde wie etwas, was gegenüber den **wissenschaftlichen Anschauungen, welche** die Gegenwart **nun einmal** beherrschen, nicht **standhalten** könnte. Es fällt der hellsehende Blick 26
12 wenn man es aus der Fülle des Bildes hervortreten sieht, die der hellsichtige Blick erhalten kann. Auf eine Art Verfinsterung der Erde fällt der hellsichtige Blick, man fühlt	wenn man es **gleichsam** heraustreten sieht aus der Fülle der Bilder, die der hellsehende Blick in der Rückschau erhalten kann. Es fällt **dieser** hellsehende Blick **tatsächlich** auf eine Art von Verfinsterung der Erde. Und man fühlt 26

Nachschrift A. Eggers	*GA 148*
12 Man fühlt das,	Man hat denselben **Eindruck**,
und man kann dasselbe Gefühl haben,	den der **geisteswissenschaftlich geschulte Blick**
	jetzt noch nachprüfen kann,
wenn man erlebt, wie wirklich	wenn wirklich 27
12 bedarf eines starken Gemütes	bedarf eines **gewissen** starken Gemütes 27
12 Kunst & Technik einem entgegentreten.	**kunstlosen** Technik erheben.
	Aber ich will auf diese Schilderung nicht weiter eingehen, sondern nur darauf aufmerksam machen, daß in einer solchen Zeit
Aber auch ein Anderes sieht man,	dasjenige lichtvoll erscheint,
etwas, was sonst nur durch	was man sonst nur durch 27
13 diese plötzlich auftretende Verfinsterung	diese plötzlich auftretende Verfinsterung
der Sonne, was dies Zeichen, das hineingestellt	der Sonne, die der nach rückwärts **gewendete**,
ist in den nach rückwärts angeschauten Kosmos,	hellseherische Blick im Kosmos **erschaut**,
während das M.v.G. stattfand,	
was das bedeutet. Die Sonnenfinsternis	was das **eigentlich** bedeutet.
	Ich kann wirklich nichts dafür, wenn ich genötigt bin, ein reines Naturereignis, wie es natürlich früher und später auch stattgefunden hat, gerade an diesem Punkte der Erdenevolution
in okkulter Schrift wird so gelesen,	in okkulter Schrift so zu lesen
	– **in Widerspruch mit allem gegenwärtigen materialistischen Bewußtsein** –,
dass sie unmittelbar den Eindruck macht,	wie es **eben** unmittelbar den Eindruck macht.
wie wenn man ein Buch aufschlägt	Wie wenn man ein Buch aufschlägt 28
13 Menschen	Menschheit
	damit in gewisser Beziehung
ein Höchstes hineingekommen	ein Höchstes herangekommen 28
14 & man sagt sich:	Man sagt sich **dann**, wenn man das
	hellsichtige Bewußtsein **so herangezogen** hat:
des alles, was	Das alles, was 29
14 Walten im All	Walten
von geistigen Kräften	**spiritueller Kräfte** im Weltenall 29
15 was in der Menschheitsentw.[icklung]	was in der **Evolution** der Menschheit
geschehen ist	**eigentlich** geschehen ist 30
15 gelegt war, bewirkte, dass das Grab	gelegt war – und
zerspalten und zerrissen wurde; dadurch wurde	weggerissen wurde der Stein,
auch der Stein, der es bedeckte abgewälzt,	der darauf gelegt worden war,
aufgerissen wurde die Erde. –	und ein Spalt
ein Spalt entstand	wurde aufgerissen in der Erde,
und aufgenommen wurde der Leichnam,	und der Leichnam wurde aufgenommen
der in das Felsengrab gelegt war,	
in diesen Spalt,	von dem Spalt.
und beim weiteren Rütteln der Erde	Durch weitere Aufrüttelung wurde
schloss sich der Spalt und das Grab war leer	über dem Leichnam der Spalt wieder geschlossen.
als die Leute	Und als die Leute 30
15 hingestellt werde von dem, dass	hingestellt wird dafür, daß
ein neuer Impuls	**etwas Neues**
gegenüber der Verfinsterung eingetreten ist,	eingezogen ist in die Menschheits**evolution**,
– wenn man sagen wollte,	wenn jemand sagen wollte 31
16 dass wir uns vertiefen	wenn wir uns **zunächst etwa** vertiefen 31
16 hergestellt hat.	hergestellt hat.

Nachschrift A. Eggers	*GA 148*
	Denn in der Tat war, was ich jetzt geschildert habe, für das Bewußtsein des Petrus etwas, das
Auf dem Felde des von allerlei Bildern erhellten «Schlafes» krystallisiert sich	auf dem Felde des langen Schlafes sich herauskristallisierte. Auf dem Felde des durch mancherlei Bilder **durchkreuzten** Bewußtseins des Petrus hoben sich **zum Beispiel** heraus: das auf Golgatha erhöhte Kreuz, die Verfinsterung und das Beben. Das waren
für Petrus heraus als erstes Ergebnis der Befruchtung mit	für den Petrus die ersten Früchte der Befruchtung mit 32
16 mit dem er gewandelt ist	mit dem er **oftmals im Leben** gewandelt war 32
16 ungeheure Weisheit senkte sich	ungeheuere **Wahrheit senkte sich** 32
17 man muss sich hineinversetzen	man muß sich **einen Augenblick wirklich** hineinversetzen 32
17 was in den andern Ev[angelien] die Herabkunft des Geistes	was im **Neuen Testamente** die Herabkunft, die **Ausgießung** des Heiligen Geistes 33
17 hinaufgeführt hatte zum Garten Gethsemane	herausgeführt **zum Ölberge**, zum Garten Gethsemane 33
17 Ereignisses auf Golgatha. Jetzt mussten sie gedenken	Ereignisses **von** Golgatha, und aus dem herausstrahlte dasjenige, **was ich in stammelnden Worten** zu schildern versuchte. Und Petrus, Johannes und Jakobus mußten gedenken 33
18 Da traten auf die 10 Tage, die von der Himmelfahrt bis zum Pfingstfeste verflossen waren und diese Tage kamen ihnen vor	**Besonders** die zehn Tage von der **sogenannten** Himmelfahrt bis zum Pfingstereignis kamen ihnen vor 34
18 am Kreuz gestorben	am Kreuze gestorben 34
18 Sie wussten, wir sind in diesem schlafartigen	sie wußten, sie sind **sicher** in diesem schlafartigen 34
18 wie er ihnen Lehren gab	wie er **tatsächlich dazumal** ihnen Lehren gab 34
18 neben dem Christus gingen, wie sie nicht hatten verstehen können mit ihrem phys. Sinnen mit ihren Augen und Ohren, wie die über die Erden wandelnde Christusgestalt sie lehrte & da ihr normales Bewusstsein nicht fähig war, diese Lehren aufzunehmen so wurde das in ihnen herabgedämpft,	neben dem Christus gegangen waren und nicht hatten **aufnehmen** können mit dem **gewöhnlichen Verstande**, was dieses Wesen ihnen zu geben hatte.
& jetzt hörten sie die Lehren vom Reich des Geistes mit einem Bewusstsein, das jetzt erst heraufdrang in ihnen	Und sie hörten **auf ihn** während dieser vierzig Tage, mit einem Bewußtsein, **das sie nicht kannten**, das jetzt erst **in sie** heraufdrang 35
19 dass das derselbe war, mit dem	daß das **wirklich Derjenige** war 35
19 er sah ein geist.[iges] Wesen	Er sah **zwar** ein **himmlisches**, geistiges Wesen 35
19 ein geist.[iges] Wesen, das sie unterrichtet & das sie nicht erkannten: dann mischte sich in dieses Bild hinein	diesem geistigen Wesen, das sie unterrichtete, und **damit sie das erkannten**, **verwandelte** sich dieses Bild, indem es sich zugleich **aufrechterhielt**, in
die Scene des Abendmahls, & nun verstand solch ein Apostel	das **Bild** des Abendmahles, das sie miterlebt hatten mit dem Christus Jesus. **Stellen Sie sich wirklich vor,** daß solch ein Apostel 35

Nachschrift A. Eggers	*GA 148*
19 aus dem Schlafzustand und der Erinnerungen an dasjenige, das vorangegangen war	aus dem Bewußtseinszustand, der **gleichsam** ein Schlafzustand war, mit den Erinnerungs**bildern**, die vorangegangen waren 36
19 diese zwei Erlebnisse zusammengehörten	diese zwei **Wesenheiten** zusammengehören 36
20 ein paar Worte zu Ihnen sprechen, die neben den gegenwärtigen Tatsachen doch ausgesprochen werden müssen, da ich mich okkult verpflichtet fühle	ein paar **persönliche** Worte zu Ihnen sprechen, die neben dieser Tatsache, doch **eben** ausgesprochen werden müssen. Ich fühle mich **gewissermaßen** okkult verpflichtet 36
20 viel genauer über diese Dinge wird sprechen	genauer, **präziser** wird sprechen 37
20 liegt aber die okkulte Verpflichtung vor	liegt **gerade aus diesem Grunde** eine **gewisse** Verpflichtung vor 37
20 was ich zu sagen habe bei dieser Gelegenheit, aufzufassen wie eine erste Anregung zu den Wahrheiten, die in der Zukunft viel besser	was ich **gerade** bei dieser Gelegenheit zu sagen habe, **wirklich nur** aufzufassen wie eine Art Anregung, wie etwas, was **ganz gewiß** in Zukunft viel besser **und präziser** 37
20 grade über *diese* Dinge	gerade Dinge **von dieser Art**! 37
20 eine noch viel tiefere Bedeutung hätte. Ich will durchaus nicht sagen	eine noch viel **schwerere und weitere** Bedeutung hätte, als es **vielleicht jetzt** aufgefaßt zu werden braucht. Ich will durchaus nicht sagen 37
20 alles das zu sagen	alles das **präzise** zu sagen 37
21 und ich betrachte es als mein Karma, gerade über dieses zu Ihnen sprechen zu müssen, aus dieser okkulten Verpflichtung heraus. Denn zweifellos	und betrachte es **gewissermaßen** als mein Karma, daß mir die Pflicht **auferlegt** ist, dies zu sagen, **was ich eben ausspreche**. Denn **ganz** zweifellos 37-38
21 ich verpflichtet bin, zu Ihnen zu sprechen. – – – –	von denen ich zu sprechen verpflichtet bin. Gerade diese persönliche Bemerkung darf ich vielleicht machen aus zwei Gründen: aus dem Grunde, weil ja gerade durch eine **ganz eigenartige Gewissenlosigkeit ein törichtes, albernes Märchen** über meine Zusammenhänge mit gewissen katholischen Strömungen durch die Welt **gesendet** worden ist.
Von den Dingen, die von gegnerischer Seite verbreitet werden, dass ich mit gewissen katholischen Dingen zusammengewachsen wäre, ist kein Wort wahr;	Von allen diesen Dingen ist nicht ein **einziges** Wort wahr. **Und wohin es gekommen ist** mit dem, was sich heute vielfach Theosophie nennt, das kann man **einfach** daran ermessen, daß auf dem Boden der Theosophie **solche gewissenlose Aufstellungen und Gerüchte** in die Welt geschickt werden.
ich bin gezwungen, nicht in nachsichtiger Weise phrasenhaft über diese Dinge hinzugehen, sondern die Wahrheit darzustellen.	Da **wir aber** gezwungen sind, nicht in nachsichtiger Weise, phrasenhaft darüber hinwegzugehen, sondern demgegenüber die Wahrheit **hinzustellen**, so **darf diese persönliche Bemerkung** gemacht werden. – Auf der anderen Seite fühle ich mich gerade dadurch, daß
Ich bin in meiner Jugend überhaupt nicht mit christlichen Impulsen zusammengekommen	ich in meiner Jugend **dem Christentum fernstand** 38

Nachschrift A. Eggers	*GA 148*
21 auf Vorurteilslosigkeit auf diesem Gebiete Anspruch zu machen.	auf Vorurteilslosigkeit **und Unbefangenheit**, um über diese Dinge **Aussagen** zu machen. Vielleicht wird man – gerade in dieser Stunde der Weltgeschichte – mehr geben können auf das Wort eines Menschen, der aus wissenschaftlicher Bildung kommt, der in seiner Jugend **dem Christentum ferngestanden** hat, als eines solchen, der seit der frühesten Jugend mit dem Christentum im Zusammenhang gewesen ist.
Und ich glaube wahrhaftig nicht	Und ich glaube wahrhaftig nicht 38
21 spreche von diesen Geheimnissen des 5en Evangeliums.	spreche von den Geheimnissen, **die ich bezeichnen möchte als** die Geheimnisse des **sogenannten** Fünften Evangeliums. 39

3. Vortrag

Nachschrift A. Eggers	*GA 148*
23 zu sprechen habe als dem 5.ten Ev.	zu sprechen habe als von dem Inhalt des **sogenannten** Fünften Evangeliums 40
23 sondern es lebte als unmittelbares Leben	sondern es lebte, **nun, wenn ich sagen darf** als Leben 40
23 mit der allwaltenden Liebe	durch die allwaltende **kosmische** Liebe 40
23 unsere anthrop.[osophischen] Betrachtungen	unsere **geisteswissenschaftlichen** Betrachtungen 41
23 in etwas umgewandelter Form auf dieses Christuswesen anwenden.	in etwas veränderter Form auf die Christus-Wesen**heit** anwenden. 41
23 was man nennt die Johannestaufe	was man **gewöhnlich** nennt die Johannestaufe 41
24 Das war etwas, was folgte auf die Geburt des Christuswesens	Das war dasjenige, was der **eigentlichen** Geburt der Christus-Wesen**heit** folgte. 41
24 im Devachen, im Geisterlande ist.	im **sogenannten** Devachan, im Geisterlande ist. 41
24 Die Menschen verlassen die Erde, um diesen ihren Wohnplatz mit dem Himmel zu vertauschen.	Der Mensch verläßt die Erde, um, **wenn wir mit den gebräuchlichen Ausdrücken sprechen,** seinen Wohnplatz mit dem Himmel zu vertauschen. Der Christus verließ den Himmel, um diesen seinen Wohnplatz mit der Erde zu vertauschen.
Das, meine lieben Freunde, bitte ich Sie, in rechtem Lichte sich	Das bitte ich Sie im rechten Lichte sich 42
25 in das geist.[ige] Leben	in das geistige **Er**leben 43
25-26 Wir wissen ja, dass die einzelnen Erdenseelen in einer gewissen Weise geführt werden von denen, welche wir in der Hierarchie der geist. Wesenheiten die Engel nennen, während ein ganzes Volk geführt wird	Wir wissen gerade aus einem Vortragszyklus, den ich hier gehalten habe, daß die Erdenvölker geführt werden 44
26 dann blickte der Erzengel	dann blickte **gleichsam** der Erzengel 44

Nachschrift A. Eggers	GA 148
26 in einem Buch lesen	in einem Buche lesen 44
26 Inhalt gab, von dem ich gesprochen habe	Inhalt gab, den ich **soeben** beschrieben habe 44
27 nicht nur, damit das Schicksal eines Volkes ablaufen kann, sondern	nicht nur ein Volk geleitet und gelenkt werden, sondern 45
27 Menschengeschlechtes auf der Erde.	Menschengeschlechtes. So konnte man die Kräfte gewinnen, die in der richtigen Weise die Arbeit eines Volkes herübertragen in die Arbeit der ganzen Menschheit.
Über die ganze Erde	Über die ganze Erde 45
28 und sie waren solche Seelen	Und die Apostel waren **in gewisser Weise** solche Seelen 46
28 weiter in diesen Seelen. Damit	weiter in der Menschheitsevolution. Damit 46
28 des heutigen Bewusstseins wegzubringen.	des gegenwärtigen Bewußtseins hinwegzuräumen. Ich muß **nun einmal** manche **Einschaltung** machen in die Erklärung des Fünften Evangeliums.
– Vor kurzem ist	Vor kurzem ist 47
28 muss ich Sie, meine lieben Freunde, auf etwas anderes	muß ich Sie **noch** auf etwas anderes 47
28 Bedenken wir, was das bedeutet: ein Gott lebt 3 Jahre in dem Leib	Was das bedeutet, **bitte ich ins Auge zu fassen**. Ein **Geist** lebte drei Jahre im Leibe 48
29 Dieses 3jährige Leben	Dieses **ganze** dreijährige Leben 48
29 in ganze tiefe Seelengründe aufnehmen	**nur** im ganz tiefen **Sinne** aufnehmen 48
29 für das Verständnis	für ein **richtiges** Verständnis 48
29 das sonst unerklärlich bleibt.	das sonst **wirklich in mancher Hinsicht** unerklärlich bleibt. 48
29 ohne dass Karma erzeugt wird.	das ohne Karma gelebt wurde. Wie gedankenlos geht vielfach der Mensch an Dingen vorbei, die eigentlich tief bedeutsam sind.
Vielleicht werden manche von Ihnen etwas gehört	Vielleicht hat mancher von Ihnen **doch auch** etwas gehört 49
30 gesundes Gefühl müsste zurückschrecken	gesundes Empfinden – **ja, ich will nur wenig sagen** – zurückgeschreckt werden müßte 50
30 3jährigen Zeit seines Lebens	dreijährigen Leben **Christi** 50
31 Heute wollen wir annehmen, dass	Halten wir uns heute **zunächst nur** daran, daß 51
31 wo es grade nötig war.	wo es **eben** gerade nötig war. 51
31 durch das sich binden an diesen Leib des	daß **gewissermaßen** in den drei Jahren der Geist sich an den Leib des 52
31 Da haben wir wiederum etwas anderes als mit dem gewöhnlichen Erdenmenschen.	**Bemerken Sie**, wie hier wieder anderes eintrat **in bezug** auf die Christus-Wesenheit als **beim Leibe** des gewöhnlichen Menschen. 52
32 machte sich dabei immer ähnlicher und ähnlicher diesem Leib, immer mehr zog sie sich zusammen	machte sie sich ähnlich dem Leibe des Jesus von Nazareth, **preßte sich,** zog sich immer mehr und mehr zusammen 53

Nachschrift A. Eggers	*GA 148*
32 dem Leib des Jesus von Nazareth. Aus dem Gott	dem Leibe des Jesus von Nazareth. Aus dem Gotte 53
32 was der Christus machte, sagten: das hat	was der Christus **vermochte**, sagten: Das **habe** 53
32 ringsherumstehenden Bewunderer	ringsherum **befindlichen** Bewunderer 53
33 Pilatus: hast du dich genannt den König	Pilatus, der fragte: Hast du gesagt, du wärest der König 54
33 jetzt hilf dir selber! Das ist der Passionsweg! Ein Weg	jetzt hilf dir selber! – Von der göttlichen Machtfülle bis zur Machtlosigkeit, das war der Passionsweg des Gottes. Ein Weg 54
33 in ihren Kulturen und auf ihrem Entwicklungspfad	auf ihrem Kultur-, auf ihrem Entwickelungspfade 55

4. Vortrag

35 was in den 4 andern Ev. über den Christus aufgeschrieben ist, – und von diesem werden wir zu sprechen haben. – Ich möchte heute beginnen mit	was aufgezeichnet worden ist in den vier Evangelien, noch mancherlei anderes geschehen sein kann. **Um mich verständlich zu machen** in bezug auf alles dasjenige, was ich gerade in diesem Vortrags- zyklus aus dem Fünften Evangelium geben will, möchte ich heute beginnen mit 56
35 Wir wissen ja, woher diese bedeutsamen	Wir wissen **jedoch**, diese bedeutsamen 57
35 Es war nun ein ganz sonderbares	Es war **aber** nun – so läßt es sich erkennen aus dem Inhalt des Fünften Evangeliums – ein ganz sonderbares 57
36 Meinung von ihm bekommen durch jenes	Meinung bekommen von ihm, **eben** durch jenes 57
36 Sie sahen den kommenden Schriftgelehrten in ihm	Die nächste Umgebung sah **sozusagen** den kommenden Schriftgelehrten **selber** in ihm 57
36 Man fing an, jedes Wort	Man fing **sozusagen** an, jedes Wort 57
36 das Gefühl hatte, dass vieles Unsichere	das Gefühl hatte – **wohlgemerkt** schon in jenen jungen Jahren –, daß vieles Unsichere 58
36 bedrückte es seine Seele	bedrückte es **in einer gewissen Weise** seine Seele 58
36 Geist, der über den Elias gekommen sei, der spreche nicht mehr. – Aber was doch noch sprach wie eine Inspiration aus geistigen Höhen	Geist, der **zum Beispiel** über den Elias gekommen ist, der spricht nicht mehr; aber wer doch noch immer spricht – was auch noch mancher von den Schriftgelehrten zu vernehmen glaubte als Inspiration aus den geistigen Höhen – 58
37 jene inspirierende Stimme	jene **eigentümliche,** inspirierende Stimme 58
37 von ~~dem~~ der später der jüdische Talmud viel erzählt.	Von dieser Bath-Kol wird uns in späteren jüdischen Schriften manches erzählt. **Ich schiebe nun etwas ein in dieses Fünfte Evangelium, was nicht eigentlich dazugehört, was nur zur Erklärung der Bath-Kol führen soll.**

Nachschrift A. Eggers	*GA 148*
Da wird erzählt, es war einstmals, aber das war in späterer Zeit	Es war in etwas späterer Zeit 59
37 Aus diesem Talmudwort erkennen wir, dass unter den hebräischen Gelehrten eine Erkenntnis durchkam, dass die Blütezeit des Batkol abgelaufen sei. Aber dieser Bathkol hatte unter gewissen Rabbinern und Schriftgelehrten geblüht. Während im Hause	Ich erzähle diese Geschichte aus dem Talmud, weil wir sehen, daß die Bath-Kol bald nach der Einführung des Christentums in gewissen Rabbinerschulen nur noch von einem geringeren Ansehen war. Aber sie hat **in einer gewissen Weise** geblüht als inspirierende Stimme unter den Rabbinern und Schriftgelehrten. Während **in dem** Hause 59
37 in bittere Seelenkämpfe	in bittere, **schwere innere** Seelenkämpfe 60
38 gesprochen hatte. Eines Tages glaubte er	gesprochen habe. Und eines Tages, **und das war furchtbar** für die Seele des Jesus, glaubte er 60
38 ein furchtbarer Eindruck	**ein furchtbarer Augenblick**, ein furchtbarer Eindruck 60
38 sich selber für unfähig erklärte, die Fortsetzung zu sein der alten	ihm selber zu offenbaren schien, daß sie nicht Fort- setzer sein könne des alten Offenbarertums, daß sie sich selber **sozusagen** für unfähig erklärte, Fortsetzer der alten 60
38 er sich sagte:	er sich sagen mußte: 60
38 sie bringen mich dazu, zu glauben, dass in der Substanz des Volkes, dem ich angehöre, kein Vermögen mehr ist, zum offenbarenden Gott hinauf zusteigen. Versetzen wir uns hinein in die Seele	sie bringen mich **nur** dazu, zu **begreifen**, wie in der **Substanz der Evolution** des Judentums kein Vermögen mehr besteht, heraufzureichen zu den Offenbarungen des Gottesgeistes. Versetzen wir uns **einen Augenblick in seinen Geist**, in die Seele 60
38 was man in der Akascha-Chronik ganz genau sehen kann	das kann man ganz genau sehen, wenn man die Akasha-Chronik **hellseherisch durchdringt** 61
38 Es war ein altes Heidentum, aber durchdrungen von	Es war **gewissermaßen** ein altes Heidentum, aber **in einer gewissen Art** durchdrungen von 61
38 geht daraus hervor	geht **zum Beispiel** daraus hervor 61
38 auf welcher eine solche alte Kultstätte war, – ja, sogar der Zeremoniendienst in der Peterskirche ist in Bezug auf seine äussere Form nicht unähnlich dem Kult des alten Attisdienstes, der verrichtet wurde in dem Tempel, der damals auf derselben Stelle stand.	wo einstmals eine solche Kultstätte war. **Ja, man muß auch das für manche Katholiken lästerliche Wort aussprechen:** Der Zeremoniendienst der Peterskirche und alles dessen, was sich davon ableitet, ist in bezug auf die äußere Form **gar** nicht unähnlich dem Kult des alten Attisdienstes, der verrichtet wurde in dem Tempel, der damals auf derselben Stelle stand, auf deren Stätte die Peterskirche steht. Und der Kultus der katholischen Kirche ist in vieler Beziehung nur eine Fortsetzung des alten Mithraskultus.
Was an solchen Kultstätten vorhanden war, mitten unter anderen Kultstätten drinnen, was über- haupt an heidnischen Opferstätten vorhanden war, das lernte Jesus	Was an solchen Kultstätten vorhanden war, das lernte Jesus 61

Nachschrift A. Eggers	*GA 148*
39 So lernte er kennen durch phys.[isches] Anschauen	Er lernte, **wenn wir so sagen dürfen, auf diese Weise** durch äußere, physische Anschauung 61
39 in seine Seele als hohe, hellsichtige Kraft.	in seine Seele dasjenige in einem hohen Grade ausgebildet, was andere sich nur mühsam aneignen konnten, was aber bei ihm naturgemäß ausgebildet war: eine hohe hellseherische Kraft. 61
39 er da erlebt an manchem Heidenaltar, wenn dazumal der Heidenpriester oder auch der Eingeweihte die betreffende Kulthandlung verrichtete. Wenn er sie anschaute mit seinen hellsichtigen Kräften, so sah er, wie durch die Opferhandlung allerlei Dämonen herbeigezogen wurden, ja er sah, wie manches Götzenbild	er dort erlebt. **Und wenn es auch fabelhaft erscheint, so muß ich doch hervorheben, daß, wenn** an manchen heidnischen Altären der Priester den Kult verrichtete und sich Jesus von Nazareth dann mit seinen hellseherischen Kräften das Opfer anschaute, er sah, wie durch die Opferhandlung mancherlei dämonische Wesen herangezogen wurden. Er machte auch die Entdeckung, daß manches Götzenbild, 61-62
39 auf die Gläubigen, die an solchen	**in** die **Glaubenden, in** die **Bekenner**, die an solchen 62
39 Aus begreiflichen Gründen	Aus **leicht** begreiflichen Gründen 62
39 Es ist jetzt erst möglich, über diese Dinge zu sprechen, weil die Menschenseele erst in unserer Zeit ein Verständnis haben kann	Und es ist **im Grunde erst im Schoße unserer geistigen Bewegung** möglich, über **solche** Dinge zu sprechen, weil die Menschenseele erst in unserer Zeit ein **wirkliches** Verständnis haben kann 62
39 fühlte, wenn er also das Walten der von Luzifer und Ahriman hervorgebrachten Dämonen sah und wenn er sah, wie es das Heidentum dahin gebracht hatte	empfand, wenn er also das Walten sah der Dämonen, der gleichsam von Luzifer und Ahriman hervorgebrachten Dämonen, und sah, wie das Heidentum es **in vieler Beziehung** **sogar so weit** gebracht hatte 62
39 Ich muss sagen, dass ich heute noch nicht in der Lage bin	Ich muß, da ich ja dieses Erlebnis des Jesus von Nazareth auch zu erzählen habe, sagen, daß ich heute noch nicht in der Lage bin 62
39 Die Scene selber zu entziffern, war möglich, allein es war unmöglich, den Ort anzugeben	Die Szene selbst **in einem hohen Grade richtig** zu entziffern war mir möglich. Allein den Ort **gerade** für diese Szene ist mir heute nicht möglich anzugeben. 63
39-40 ausserhalb Palästinas. An einen Ort	außerhalb Palästinas. **Aber ich kann das nicht mit Bestimmtheit sagen, muß aber die Szene mitteilen.** An einen Ort 63
40 mit allerlei seelischen und	**von** allerlei **furchtbaren** seelischen und 63
40 unsere Priester uns verlassen haben.» Und es jammerte den Jesus dieses Volk	uns die Priester verlassen haben. – Jesus sah mit tiefem Schmerze diese armen Menschen; es jammerte ihn dieses bedrückte Volk 63
40 lebte in seiner Seele auf	flammte in seiner Seele auf 63

Nachschrift A. Eggers	*GA 148*
40 entstand, wie auf einen Schlag	entstand, **man möchte sagen** wie auf einen Schlag 63
40 sie drängten ihn zum Opferaltar, dass er Opfer verrichtete, und damit der Segen	Sie drängten ihn zum Opferaltar hin, sie stellten ihn auf den heidnischen Altar. Und er stand auf dem heidnischen Altar, und sie erwarteten, ja sie verlangten von ihm, daß er die Opfer verrichte, damit der Segen 63
40 in das Reich des Sonnendaseins.	in den **Bereich** des Sonnendaseins. 64
40 Es gibt gewisse okkulte Verpflichtungen, und	Es gibt **ja** okkulte Verpflichtungen! Und 64
41 vernommen worden ist. Es waren diese Worte	vernommen worden ist. **Nicht anders als so!** Es waren diese Worte, 64
41 diese entflohen und er konnte seinen hellsichtigen Blick nur richten	diese entflohen. Und als er den hellsichtigen Blick in die Ferne **schweifen ließ**, konnte er ihn nur richten 65
41 so war es auch für den Jesus von Naz. Dadurch, dass er so unendlich tief in menschl. Elend hineingeschaut hatte	so war es **in gewisser Weise** auch bei Jesus von Nazareth, daß er – an einer Stelle, die ich nicht weiß – um sein vierundzwanzigstes Lebensjahr herum dadurch, daß er so unendlich tief in die menschlichen **Seelen** hineingeschaut 65
42 eindringenden Geistesseelenblick des tief in die Geheimnisse	eindringlichen Geistes**lese**blick. Jesus von Nazareth war zu einem Menschen geworden, der tief in die Geheimnisse 65-66
42 unendlich tiefe Gefühl in seiner Seele gehabt haben, dass wie eine unablässige Frage vor seiner Seele stand: wie kann	unendlich tiefe **Empfindung** in seiner Seele gehabt wie er, als er jenes von Dämonen besessene Volk geschaut hatte. **Gewiß** war keiner auf der Erde so vorbereitet auf die Frage: Wie, **wie** kann 66
42 geistigen Leben zu nähern. Die Entzifferung	geistigen Welt zu nähern. Das drückt sich schon in mancherlei **symbolischen Gesetzen** des Essäerordens aus. Die Entzifferung 67
42 Name «Essäer» zusammenhängt	Name Essäer kommt von **oder jedenfalls** zusammenhängt 67
43 widmeten. Wenn sie ein Haus oder sonstige Güter hatten, wenn das auch weit entfernt war, so schenkten sie es dem Orden, sodass dieser viele kleine und grössere Besitztümer hatte, überall zerstreut. Alles das war Gemeingut, keinem gehörte als Einzelnem etwas. Ein für unsere heutigen Begriffe besonders strenges Gebot war, dass ein Essäer	widmeten. Sie schenkten jedesmal, wenn sie irgendwo weit weg, in Kleinasien oder noch weiter, ein Haus hatten, dasselbe dem Essäerorden, und der Orden bekam überall kleine Besitzungen, **Häuser, Gärten, ja weite** **Äcker.** Keiner wurde aufgenommen, der nicht alles schenkte, was den Essäern Gemeingut wurde. Alles gehörte allen, kein einzelner hatte Besitz. Ein für unsere heutigen **Verhältnisse** außerordentlich strenges **Gesetz**, **das aber begreiflich ist**, war dieses, daß ein Essäer 67
43 Welt ihren Fortgang	Welt ihren **richtigen** Fortgang 68
43 und sie hatten Kundschaft erhalten von dem, dass in der Seele des Jesus von Nazareth	Und sie waren **tief berührt**, als sie Kunde erhielten von jener tiefen Weisheit, die in der Seele des

Nachschrift A. Eggers	*GA 148*
diese grosse Weisheit aufleuchtete	Jesus von Nazareth **entstanden** war. 68
44 durch die Offenbarungen desr Bathkol aufglänzen vernahm.	durch eine **Erleuchtung** in seiner Seele aufglänzen**d** vernommen hatte.
Ein reger Ideenaustausch	**Kurz**, es entstand ein reger Ideenaustausch 68
44 Es war eine Impression, die	Es war eine **gewaltige, bedeutsame Vision**, die 69
44 mit den Essäern. Ein Geistgespräch fand statt zwischen dem Buddha und der Seele des Jesus. Es gehört	mit den Essäern. **Und man kann sagen**, daß **in jener Zeit** zwischen Jesus und Buddha ein Geistgespräch stattgefunden hat. Es gehört 69
44 diesen Essäern gleichen. Aber das war mein Irrtum, dass ich glaubte, dass das sein sollte. Die Essäer können nur dadurch sich aussondern, dass die übrigen Menschen neben ihnen sein müssen. Wenn meine Lehre vollständig erfüllt werden wollte, müssten alle Menschen Essäer sein.»	den Essäern gleich werden. **Das aber kann nicht sein.** Das war der Irrtum in meiner Lehre. Auch die Essäer können sich nur weiter fortbringen, indem sie sich aussondern von der übrigen Menschheit; für sie müssen übrige Menschenseelen da sein. Durch die Erfüllung meiner Lehre müßten lauter Essäer entstehen. **Das aber kann nicht sein.**
Das war ein bedeutsames Erlebnis	– Das war ein bedeutsames Erlebnis 69
44 in einer anderen Weise	in einer **ganz** anderen Weise 69
45 der wie ein Laienbruder innerhalb des Essäerordens lebte	der, **man möchte sagen**, wie ein Laienbruder innerhalb der Essäergemeinschaft **lebende** 69
45 Da geschah es eines Tages, – wieder muss ich einschieben, dass diese Dinge jener okkulten Verpflichtung	Da geschah es eines Tages **– ich weiß, was es heißt, diese Dinge so einfach zu erzählen, aber nichts kann mich abhalten;** ich weiß trotzdem, daß diese Dinge jener okkulten Verpflichtung 70
45 immer Ahriman und Lucifer	immer dasjenige, was wir jetzt kennengelernt haben in den verschiedenen geisteswissenschaft- lichen Auseinandersetzungen unter dem Namen Ahriman und Luzifer 70
45 in der Seele festgelegt	in der Seele gefestigt 70
45 um solche Dinge zu ergründen. Sie wirken nur erschütternd. Das Denken hält man	um sie **tief genug** zu ergründen. Die **Gedanken** hält man 70
45 Eindrücke wirken tief, und man fühlt sich wie verbunden mit den Orten, wo man solche Eindrücke gehabt hat. Man trägt sie tief in der Seele weiter durchs Leben.	Eindrücke graben sich nicht nur tief in die Seele ein, sondern werden zu einem Teil des Seelenlebens selber. Man fühlt sich wie verbunden **mit dem Teil seiner Seele**, in dem man solche Erlebnisse gesammelt hat, wie verbunden mit den Erlebnissen selber, man trägt diese Erlebnisse weiter durchs Leben. 70-1
46 Toren der Essäer sah. Die Wirkung	Toren der Essäer. Es hatte zunächst nichts anderes bewirkt, als daß ihm bewußt wurde, daß ein Geheimnis walte zwischen diesen geistigen Wesenheiten und den Essäern. Und die Wirkung 71
46 besonders wichtigen Unterredung,	besonders wichtigen, **bedeutsamen** Unterredung,

Nachschrift A. Eggers	*GA 148*
  als er das Kloster durch das Tor des	in der vieles Höchste, Geistige zur Sprache ge- kommen war, Jesus von Nazareth das Tor des 71
46 sondern aus Tiefen des Gefühls drängte sich	sondern mit tiefer elementarer Gewalt drängte sich 71
46 Stündlich, minutlich erlebte er sie. So ging er durch die nächsten Wochen	stündlich, **ja** minütlich sie **erlebend** in den nächsten Wochen 71
46 erlebt hatte die umgewandelte Stimme	die umgewandelte Stimme der Bath-Kol **vernommen** hatte 72

5. Vortrag

47 Wir haben gestern den Blick	Gestern haben wir **einen** Blick 73
47 auch von Bedeutung	**eben** auch von Bedeutung 73
47 für die Entwicklung der Menschheit	für die **Evolution** der Menschheit 73
47 eine Empfindung dafür erhalten	eine Empfindung, ein **Gefühl davon** erhalten 73
47 Diese Szene betrifft ein Gespräch	Diese Szene, **die ich da zu erzählen habe**, betrifft ein Gespräch 73
47 ganz innig verstanden	ganz innig **und vorzüglich** verstanden 74
48 auch schon vieles, was sich in seiner Seele abspielte, was schon mit dieser Mutter besprochen war. Aber dieses Gespräch	auch schon früher zwischen ihm und seiner Mutter **mancherlei** von den Eindrücken, die sich **allmählich** in seiner Seele gebildet hatten, besprochen worden. Aber in dem genannten Zeitraum spielte sich einmal ein **recht bedeutsames** Gespräch 74
48 war auch gekommen zu dem, was immer stattfindet, wenn die	war auch, wie das **ja** immer, **wenn auch in geringerem Grade der Fall ist**, wenn die 74
48 ihn recht traurig machte	ihn **eigentlich** recht traurig machte 74
48 aber er war unbegabt für alles, was man schulgemäss lernen kann! Es wäre Phantasterei zu sagen, dass dieser	hatte wenig Anlage für dasjenige, was menschliche Weisheit, menschliches Wissen sich angeeignet hatte. Er interessierte sich wenig für das, was man schulmäßig lernen konnte! Es wäre ein völliger Irrtum, wenn man glauben würde, daß dieser 75
49 Er hatte ein ungemein mildes, sanftmütiges Wesen, eine unendliche Liebe- fähigkeit, eine unendliche Tiefe des Gemütes, aber kein Interesse für	Dagegen hatte er **besessen** ein ungemein mildes, sanftmütiges Wesen, eine unendliche Liebe- fähigkeit, ein tiefes inneres Gemütsleben, ein umfassendes **Verständnis** für alles Menschliche, aber kein Interesse für 75
49 offen gewesen wäre für unendliche Weiten! Und dann dachte er daran, wie er	offen gewesen wäre für **die Tiefen der unend- lichen Weiten**! Und wie er 75
49 wie er dann aufgenommen hatte die hebräische Gelehrsamkeit, wie er durchgemacht	wie er da seine Seele **geeignet fand** für eine Art Aufnahme der hebräischen Gelehrsamkeit, die **aber ganz ursprünglich wie aus sich heraus kam**, wie er durchgemacht 75

Nachschrift A. Eggers	*GA 148*
49 deren Geheimwissen kennengelernt hatte, und Menschen kennengelernt hatte, die es in ihrer Seele aufgenommen hatten. Und er fühlte:	dort eine **Geheimlehre** kennengelernt hatte und Menschen, die einer solchen **Geheimlehre** sich hingaben. **Daran mußte er oftmals denken.** Aber er **wußte** auch 75
50 von all dem Schönen und Herrlichen, was	in ihm so schön und herrlich zutage getreten sei. 76
50 grossen Weisheitssprüche, der grossen Weisheitsschätze des Judentums.	großen **Lehren**, Weisheitssprüche und **Gesetzesschätze** des Judentums. 76
50 Mutter sprechen hörte. –	Mutter sprechen hörte, so **schätzend** das, was er innerlich **doch eigentlich** als **überwunden** fühlte.
Und endlich erwiderte er	Und endlich erwiderte er 76
50 Propheten zuzuhören, – dann hätte es einen Nutzen für uns!	Propheten **noch** zuzuhören, dann wäre es für diese Menschheit nützlich, wenn erneuert werden könnten die Weisheits-
Aber	schätze des alten Prophetentums. Aber 77
51 ein grosser Lehrer	ein großer, **bedeutsamer** Lehrer 77
51 so erzählt der Talmud.	Das alles erzählt selbst der Talmud, und **es läßt sich nachprüfen durch äußere Gelehrsamkeit.**
– Die Leute	Die Leute 77-78
52 Dies wurde erzählt	Diese **Legende** wird erzählt 79
52 seiner Mutter, wie ein grosser Prophet, und	seiner Mutter –, **in vieler Beziehung** etwas wie ein **alter** Prophet. Und 79
52 er sagte:	dann sagte er: **Siehe, liebe Mutter**, von Hillel wird gesagt, daß er wie ein wiedererstandener alter Prophet ist.
«Ich habe noch ein besonderes Interesse	Ich habe noch ein besonderes Interesse 79
53 dem jüdischen Volk gegeben	dem jüdischen Volk**e** gegeben 80
53 sind nicht mehr da aufzunehmen.»	sind nicht mehr da, um sie aufzunehmen. **Das muß als etwas Wertloses auf unserer Erde angesehen werden.**
Und merkwürdigerweise hörte die Mutter zu	Und merkwürdigerweise hörte **ihm** die Mutter **ruhig** zu
53 von tiefstem Gemütsverständnis	von tiefem **Gefühl**sverständnis 80
54 und jetzt kam herauf in seiner Seele etwas	Und da **leuchtete ihm auf** etwas 80
54 alte Zarathustra-Weisheit, der alte Zarathustra-Impuls kam in seiner Seele herauf, und er erlebte in seiner Seele	alte Zarathustra-**Lehre**, die Zarathustra-Weisheit, der alte Zarathustra-Impuls stiegen während des Gespräches in ihm auf.
gemeinsam mit seiner Mutter etwas von den grossen Sonnengeheimnissen des Zarathustra.	In Gemeinschaft mit seiner Mutter erlebte er diesen großen Zarathustra-**Impuls**. All das Schöne und Große der alten Sonnen**lehre** kam in seiner Seele herauf.
Und dann erinnerte	Und er erinnerte 81
54 wie von innen heraus! Viel	wie durch **innere Genialität** ihm dar. Viel 81
54 Und wenn ich verkündigen würde	Und würde ich herausgehen und den Menschen dasjenige verkünden, was ich als die veränderte
die Stimme des alten Bhatkol	Stimme der alten Bath-Kol gehört habe, würde ich das Geheimnis kund tun, warum die Menschen in

Nachschrift A. Eggers	*GA 148*
	ihrem physischen Leben nicht mehr in Gemeinschaft mit den Mysterien leben können,
oder wenn ich verkündigen würde die alte Sonnenweisheit	oder würde ich verkündigen die alte Sonnenweisheit 81-82
55 schaffe und wirke unter den Menschen. Denn	schaffe und wirke in der **Gesamtheit**, trage deine Liebe hin zu deinen Nebenmenschen, denn 82
55 Seit jener Zeit weiss ich	Seit jener Zeit, **liebe Mutter**, weiß ich 83
56 Seele der Mutter; sie fühlte, als ob	Seele der Mutter und sie fühlte sich wie **eins mit ihm**. Jesus aber fühlte, als ob 83
56 er hatte in die Seele der Mutter	er hatte **gleichsam** in die Seele, **in das Herz** der Mutter 84
57 Er ging tagelang wie traumhaft	Er ging **in der Tat auch** tagelang wie traumhaft 84
57 Ein letzter Entschluss entstand in ihm	Und ein letzter Entschluß **entwand sich** ihm 84
57 seit jenem Gespräch war fortgegangen das Ich	Seit jenem Gespräch**e** mit seiner Mutter war **gewichen** das Ich 84
57 Und jetzt fühlte sie sich durchdrungen	sie fühlte sich **mit einem Male wie** durchdrungen 85
58 Stellen wir uns vor, was	Stellen wir uns **in der richtigen Weise** vor, was 85
58 unter dem Einfluss des 30jährigen Lebens.	unter dem Einfluß des dreißigjährigen Lebens, das ich **ja** geschildert habe. So erlebte diese Christus-Wesenheit **ganz unbefangen** dasjenige, was sie **zunächst** auf Erden erlebte.
Diese Christuswesenheit wurde zunächst	Diese Christus-Wesenheit wurde zunächst 85
58 zu lesen. Vielleicht könnte sie modifiziert	zu lesen. Deshalb **bemerke ich ausdrücklich**, daß das eine oder andere **unbeträchtlich** modifiziert 86
58-59 Versuchungsgeschichte zu gewinnen, wie sie wirklich wirklich war. –	Versuchungsszene
Die Evangelien erzählen ja diese Scene von verschiedenen Seiten her.	steht ja **in verschiedenen Evangelien**. Aber diese erzählen von verschiedenen Seiten her. Das habe ich ja öfters hervorgehoben. 86
59 an den Stolz	an den **falschen** Stolz 86
60 das Gesetz der Schwere zu übertreten.	das Gesetz der Schwere zu übertreten, ich aber werde dich erheben **über die Gesetze** der Schwere.
Ich aber kann dich herabstürzen, ohne dass du von dem ergriffen wirst, wovon ein Mensch ergriffen werden muss,	Wenn du mich anerkennst, werde ich die Folgen des Sturzes aufheben und es wird dir nichts geschehen. Stürze dich hinunter von der Zinne! **Es steht ja geschrieben**: Ich will den Engeln befehlen, daß sie dich behüten, daß du deinen Fuß nicht an einen Stein stoßest. – Ahriman, der wirken wollte
von der Furcht. Ich werde dich	auf seine Furcht, sprach: Ich werde dich 87
60 sich gewissermassen die Wage hielten	sich gleichsam in ihrem Drängen die Waage hielten 87
60 kann mich nicht hindern dich doch zu halten.	kann mich **eigentlich** nicht hindern, dich doch **in einer gewissen Weise** zu halten. 88
60 mit dem Geld	mit dem Geld**e** 88
60 Das, meine lieben Freunde,	Dies

Nachschrift A. Eggers	*GA 148*
ist die wahre Darstellung	ist die **wirkliche** Darstellung 88
61 Er fühlte sich mit	Er fühlte sich **eigentlich** mit 88
61 selbst die Sprache war ihm gleichgültig geworden. Er wanderte	Selbst die Sprache, **die in seiner Umgebung gesprochen wurde**, war ihm gleichgültig geworden, **und zunächst schwieg er auch**. Er wanderte 88
61 den vier anderen Evangelien! In rechter Schweigsamkeit	den vier anderen Evangelien. **Ich erzähle so, wie die Dinge im Fünften Evangelium stehen.** In rechter Schweigsamkeit 89
61 Steine, Mineralisches oder Geld zu Brot zu machen. Bei denjenigen musste er namentlich einkehren, die die anderen	Steine, Mineralisches zu Brot zu machen, oder **was dasselbe ist**, Geld, **Metall** zu Brot zu machen. **Bei denjenigen, die Hillels oder anderer Sittensprüche beachteten, brauchte er ja nicht einzukehren.** Aber bei denen, **welche** die anderen 89
62 Wohin, er kam, war er tief	Wohin er kam, überall, in jedem Hause, in jeder Herberge, war er tief 89
62 Häusern von Jesus v. N.	Häusern **von dem lieben Menschen**, dem Jesus von Nazareth 89
62 und Milde und von den Wonnegefühlen, die durch	und Milde, vieles von ihren schönen, warmen Empfindungen, die durch 90
62 die Herzen und Seelen derjenigen, die geplagt waren	Sündern und Zöllnern, die **wegen ihres Karma** von all den dämonischen Wesen **jener Zeit umgeben**, geplagt waren 90
63 dass der Christus bewirken konnte dasjenige, was immer	daß der Christus **Jesus**, nachdem er Luzifer besiegt und **nur einen Stachel zurückbehalten** hatte von Ahriman, **bei den Menschen, die unter Ahrimans Herrschaft waren**, dasjenige bewirken konnte, was immer 90-91
64 den Weg zu den Göttern hinauf finden sollen!	hinauffinden **können** den Weg von der Erde zum **Geist**. 92
65 In ähnlicher Weise entstand auch die Verkündigung der Bergpredigt.	In einer ähnlichen Weise – **und es wird ja noch manches zu sagen sein** – entstand auch die Verkündigung der Bergpredigt 94
65 dass ich unbefangen erzähle	daß ich **einfach** erzähle 94
65 da fühlte mancher der Jünger, als ob der Christus in seiner eigenen Seele wäre, wenn er auch neben ihm ging.	fühlte dieser oder jener manchmal, als ob er in ihm, in der eigenen Seele wäre, wenn er auch neben ihm ging. 94
65 die der Christus selber sprach.	die **eigentlich** der Christus **Jesus** selber **nur** sprechen **konnte**. 94
66 immer der Christus selber. Ich war im hohen Grade erstaunt	nicht immer Christus **Jesus** selber, sondern es sprach auch mancher der Jünger; denn er hatte alles gemeinsam mit den Jüngern, auch seine Weisheit. **Ich muß gestehen**, ich war in hohem Maße erstaunt 94
66 ob er den phys. Leib mit sich hatte	ob er **sozusagen** den physischen Leib **mithatte** 95

Nachschrift A. Eggers	*GA 148*
66 geworden war.	geworden war. Er selber erlebte **allerdings** das, was ich schon angedeutet habe:
Während der Christus	Während die Christus-**Wesenheit** 95
66 könnte man einen Beliebigen	könnte man **allerdings** einen beliebigen 95
67 welches der Christus war	welcher unter der Schar seiner Jünger, die ihn verehrten, der Christus war. 96
67 noch das letzte von Überzeugungskraft	noch das letzte von **überzeugender Kraft*** 96

* *Bemerkung des Redakteurs:* Eine «Überzeugungskraft» ist etwas ganz anderes als eine «überzeugende Kraft»! Ein Mensch kann mit Überzeugungskraft wirken, wobei diese Kraft eine Eigenschaft und Wirkungsweise des Menschen selbst darstellt. Von einer «überzeugenden Kraft» aber zu reden, heißt unterstellen, dass die Kraft als solche überzeugend wirkt, dass sie die Tätigkeit des Überzeugens entfaltet – was völlig unsinnig ist. Ähnliche Denkfehler sind in der rechten Spalte (GA 148) zahlreich zu finden.

Zu dieser Ausgabe

Für die Vorträge, die Rudolf Steiner in Christiania (Oslo) gehalten hat, liegt für diese Ausgabe die «Nachschrift A. Eggers» zugrunde, die sich im Besitz von Arnold Eggers (Hannover, Constantinstr. 56) befand. Der Leser findet sie faksimiliert auf der Webseite des Archiati Verlages zusammen mit zwei anderen gleichlautenden Klartextnachschriften («Nachschrift X» und «Nachschrift von Altenburg»). Die Schlussworte des 5. Vortrages in diesen drei Klartextnachschriften können auf den Seiten 174-175 und 178-179 verglichen werden.

In der Rudolf Steiner Gesamtausgabe – GA 148: *Aus der Akasha-Forschung. Das Fünfte Evangelium* – wird für diese Osloer Vorträge eine spätere Fassung verwendet, die eine Bearbeitung beziehungsweise Erweiterung der Nachschrift A. Eggers darstellt. Anhand der Textvergleiche (S. 173-201) kann sich der Leser ein eigenes Urteil über die Unterschiede bilden.

Vor allem am Schluss des 5. Vortrags – am Ende der ganzen Reihe (s. S. 174-179) – zeigt sich die «Kühnheit» der Erweiterungen im Text der GA 148. Was den Umfang angeht, sind es in der Nachschrift von Altenburg 218, in den Nachschriften A. Eggers und X 441 Wörter, in der GA 148 hingegen 2026 Wörter (s. S. 174 u. 176-177). In Bezug auf den Inhalt sei auf den folgenden Satz hingewiesen (GA 148, S. 102): «Und ich verabschiede mich von

Ihren Herzen und Ihren Seelen mit dem Wunsche, daß das Band, das uns verbunden hat durch mancherlei anderes, gefestigt worden sei ...» Das bedeutet: Ich nehme Abschied von Ihrer Innerlichkeit in der Hoffnung, dass die Verbindung mit ihr immer tiefer werde.

Der **Haager Vortrag** ist mehrere Jahre später, am 13. April 1922, als Einzelvortrag gehalten worden. Er wird hier abgedruckt, weil er eine wichtige Ergänzung zu den Inhalten der Osloer Vorträge darstellt. Als Textunterlage dient eine maschinengeschriebene Nachschrift, die allerdings starke redaktionelle Eingriffe aufweist. Der aufmerksame Leser wird den unterschiedlichen Sprachduktus zu den Osloer Vorträgen bemerken. In der Rudolf Steiner Gesamtausgabe ist dieser Vortrag in Band 211 – *Das Sonnenmysterium und das Mysterium von Tod und Auferstehung* – zu finden. Darin wird allerdings der erste Teil des Vortrags, in dem Rudolf Steiner den Unterschied zwischen dem Umgang mit der Geisteswissenschaft in den Zweigen und in der Öffentlichkeit darstellt, nicht wiedergegeben. Gerade im Zusammenhang mit der tiefen Esoterik der Osloer Vorträge sind diese Ausführungen von besonderer Bedeutung.

Alle **Titel** in dieser Ausgabe stammen vom Redakteur.

Für eine leichtere Lesbarkeit sind folgende **Wortersetzungen** vorgenommen worden (im Text durch ° gekennzeichnet):

Geisteswissenschaft°/lich°	*ersetzt*	Theosphie/Anthroposophie/isch
Welt°		Plan

Die Vorträge Rudolf Steiners

Rudolf Steiner hat vor den unterschiedlichsten Menschengruppen einige tausend Vorträge gehalten, davon viele öffentlich. Um zu erfahren, was Rudolf Steiner genau gesagt hat, ist eine gewissenhafte Prüfung der überlieferten Unterlagen und eine Vertrautheit mit Steiners Denk- und Sprechweise erforderlich.

Bis 1915/16 haben verschiedene Zuhörer die Vorträge stenografiert. Mit der Redaktion hat Marie Steiner in der Regel Walter Vegelahn beauftragt. Vegelahn hat die Klartextnachschriften sehr stark erweitert. Seine Redaktion liegt zahlreichen Bänden der Rudolf Steiner Gesamtausgabe zugrunde. Der Archiati Verlag geht demgegenüber auf die ursprünglichen Klartextnachschriften zurück, soweit diese ihm vorliegen.

Ab 1915/1916 wurde eine Berufsstenografin, Helene Finckh, mit dem Stenografieren beauftragt. Ihre Stenogramme gelten als dem von Rudolf Steiner gesprochenen Wort treu und ihre Übertragung wiederum als dem Stenogramm treu. Um dieses Letzte zu prüfen, wäre ein Vergleich der Klartextnachschriften mit den Stenogrammen nötig. Diese besitzt die Rudolf Steiner Nachlassverwaltung, die einen Vergleich mit den dort vorliegenden Stenogrammen Außenstehenden nicht gestattet. Wir hoffen auf einen Sinneswandel der Verantwortlichen.

Der Archiati Verlag ist bestrebt, wissenschaftliche Genauigkeit mit allgemeiner Zugänglichkeit zu verbinden. Ein Beispiel dafür ist die Handhabung von Wörtern, die heute ungebräuchlich sind oder eine andere Bedeutung angenommen haben. Ersetzungen werden mit einem hochgestellten kleinen Kreis (°) kenntlich gemacht – z. B. Frau° für Weib. Am Ende des Textes findet der Leser die Liste der ersetzten Worte. Fremd- oder schwer verständliche Wörter werden zuweilen auch in Klammern «übersetzt» – z. B. Parenthese (Klammer).

Als Rudolf Steiner die Theosophische Gesellschaft verlassen musste, gab er die Anweisung, dass in seinen Vorträgen «Theosophie» und «theosophisch» durch «Anthroposophie» und «anthroposophisch» ersetzt werden. Geisteswissenschaft war für ihn vor allem Leben, und um dem Leben zu dienen, muss man in Bezug auf die Terminologie beweglich bleiben. Immer wieder betonte er, dass die Terminologie reines Mittel zum Zweck ist.

Fachausdrücke der Geisteswissenschaft

Mensch- und Erdentwicklung

7 planetarische Zustände der Erde	1. Saturn-, 2. Sonnen-, 3. Mond-Erde, 4. Erde (jetziger Planet), 5. Jupiter-, 6. Venus-, 7. Vulkan-Erde
7 geologische Epochen der jetzigen Erde	1. Polarische, 2. hyperboräische, 3. lemurische Erdepoche 4. atlantische Erdepoche, 5. nachatlantische (die jetzige), 6., 7. Erdepoche
7 Kulturperioden der «nachatlantischen» Zeit (je 2160 Jahre)	1. Indische, 2. persische, 3. ägypt.-chaldäische Kulturper. 4. griech.-römische Kulturperiode (747 v.–1413 n.Chr.); 5. unsere Kulturper. (1413–3573 n.Chr.), 6., 7. Kulturper.

Wesen des Menschen

3 Körper-Hüllen	1. Physischer Körper 2. Ätherischer Körper, Ätherleib, Bildekräfteleib 3. Astralischer Körper, Astralleib, Empfindungsleib
3 Seelen-Kräfte	1. Empfindungsseele 2. Gemüts- oder Verstandesseele 3. Bewusstseinsseele
3 Geistes-Glieder	1. Geistselbst (höheres Ich) 2. Lebensgeist 3. Geistesmensch
Aus 9 wird 7	1. Physischer Leib, 2. Ätherleib, 3. Astralleib, 4. Ich, 5. Geistselbst, 6. Lebensgeist, 7. Geistesmensch

Dreiheit in Mensch und Welt

Geistige Wesen:	Luzifer	Christus	Ahriman
Evangelium:	Diabolos	Streben nach Gleichgewicht	Satanas
Geistig:	Spiritualismus		Materialismus
Seelisch:	Schwärmerei		Pedanterie
Physisch:	Entzündung		Sklerose
Moralisch:	hemmend	fördernd	hemmend

Naturelemente

Ätherwelt:	Wärmeäther	Lichtäther	Ton-/Zahlenäther	Lebensäther
Phys. Welt:	Wärme	Luft	Wasser	Erde
Unternatur:	Schwerkraft	Elektrizität	Magnetismus	Atomkraft
Naturgeister:	Salamander	Sylphen	Undinen	Gnomen

Stufen der Einweihung

1. Imagination	Bilder sehen – in der Akasha-Chronik (Ätherwelt)
2. Inspiration	Worte hören – in der Seelenwelt (Astralwelt)
3. Intuition	Wesen erkennen – in der geistigen Welt (Devachan)